Das Buch

Was verschlägt eine gesunde 20-Jährige, die gerade von der Schule kommt, in ein Sterbehospiz? Sie macht ein Freiwilliges Soziales Jahr. Jeder kann sich unter einem Hospiz etwas vorstellen, aber niemand setzt sich damit auseinander, wenn er nicht muss. Denn für die Menschen dort gibt es keine Hoffnung auf Heilung mehr. Und wer sich entscheidet, dort zu arbeiten, wie Florentine Degen, muss sich mit dem Tod arrangieren. Er gehört zum Alltag. Der einfachste Weg: Distanz aufbauen.

Aber genau das will sie nicht. Sie will den Menschen nahe sein. Auch wenn sie dabei auf Widerstände stößt. Und sie muss darüber schreiben, um einen klaren Kopf zu behalten. Denn dass Hoffnungslosigkeit auch befreiend sein kann, ist nur einer der Widersprüche, denen sie sich tagtäglich stellen muss.

Die Autorin

Florentine Degen, geboren 1989 in Siegburg, machte nach dem Abitur ein Freiwilliges Soziales Jahr in einem Hospiz. Seit Kurzem studiert sie in Bonn Germanistik und Kunstgeschichte. Sie schreibt seit sie denken kann. »Ich könnte das nicht« ist ihr erstes Buch.

Florentine Degen

Ich könnte das nicht

Mein Jahr im Hospiz

Kiepenheuer & Witsch

Für Mama

MIX
Papier aus verantwortungsvollen Quellen
FSC® C083411
FSC
www.fsc.org

Verlag Kiepenheuer & Witsch, FSC® N001512

1. Auflage 2011

Umschlaggestaltung: Barbara Thoben, Köln
Umschlagmotiv: © plainpicture/apply pictures;
Silhouette: Arôme/www.arome.fr – www.fotolia.com
Gesetzt aus der Sabon und der Syntax
Satz: Buch-Werkstatt GmbH, Bad Aibling
Druck und Bindung: CPI – Clausen & Bosse, Leck
ISBN 978-3-462-04341-9

vorneweg

Die Schule ist vorbei. Und jetzt? Auf ins Leben!

In welches Leben?

Diese Frage stellen sich jährlich unzählige Schulabgänger. Nun liegt die Welt mit tausend verschiedenen Ausbildungs- und Studiengängen vor uns. Und auf ein Fachgebiet sollen wir uns festlegen, vielleicht für den Rest unseres Lebens. Einfach so ein Studium beginnen? Irgendwas?

Vielen ist das zu unsicher. Sie wissen noch nicht genau, was sie beruflich machen möchten. Sie brauchen Zeit.

Aber Nichtstun macht die Entscheidung auch nicht einfacher. Da bietet sich ein Freiwilliges Soziales Jahr an.

Ein Jahr lang arbeitet der »FSJler«, pädagogisch betreut und mit einem Taschengeld bezahlt, in einer Einsatzstelle. Vor allem junge Leute, die erfahren wollen, ob ihnen die soziale Arbeit liegt, treten das FSJ in Krankenhäusern, Kindergärten, Schulen, Pflegeheimen an. Oder in einem Hospiz.

In einem was?

Das moderne Hospiz hat seinen Ursprung im England der 1960er-Jahre. Seit den 80ern wurden auch in Deutschland stationäre Hospize eröffnet; mittlerweile sind es über 150.

Die Idee klingt recht einfach: In Hospizen soll Todkranken ein würdiges Sterben ermöglicht werden. Das ist in Krankenhaus oder Altenheim oft nicht möglich, weil es an Personal mangelt. Und der sehnlichste Wunsch der meisten Menschen, zu Hause zu sterben, kann nur selten erfüllt werden; Angehörige sind mit der Pflege häufig überfordert.

Hospize möchten einen Raum bieten, der das Sterben so angenehm wie möglich gestaltet.

Krankenhausatmosphäre wird man hier nicht finden. Oftmals von großen Gärten umgeben, befinden sich die Einrichtungen in ruhiger Lage in kleinen Orten oder am Stadtrand.

Die Häuser sind nicht groß; durchschnittlich zehn Zimmer zählt ein stationäres Hospiz in Deutschland. Denn man möchte sich voll und ganz auf den »Gast« einstellen, ihm viele, nicht zuletzt »letzte« Wünsche erfüllen und ihm ein Gefühl von Geborgenheit vermitteln.

Dazu trägt auch die Palliativmedizin bei: Ihr geht es ausschließlich darum, Schmerzen zu stillen und Symptome zu lindern. Lebensverlängerung oder gar Heilung sind nicht Gegenstand der Palliativmedizin.

Um diese hohen Ziele zu verwirklichen, braucht es viele Hilfskräfte. Hospize sind in der Regel zahlenmäßig viel besser besetzt als gewöhnliche Pflegeheime. Außerdem sind sie auf die Mitarbeit von Ehrenamtlichen angewiesen.

Denn sich so intensiv um Todkranke zu kümmern, ist eine zeitaufwendige und teure Angelegenheit. Auch Spenden sind für Hospize unverzichtbar.

Was steckt hinter all diesen Ideen?

Das wissen viele nicht. Den Begriff »Hospiz« umgibt etwas Geheimnisvolles. Immer wieder stieß ich auf das

Wort, es wurde in Interviews, in Artikeln erwähnt. Und immer wurde es als etwas Gutes, Schönes dargestellt. Ein heller, fröhlicher Ort, wo dem Sterben der Schrecken genommen wird. Doch gleichzeitig fiel mir auf, dass kaum jemand darüber redete. »Hospiz« klang aus den Mündern vieler Menschen wie etwas Heiliges, das ihnen aber nicht ganz geheuer ist.

»Die Schwestern, die da arbeiten, müssen doch alle einen Ratsch haben«, bekam ich nicht nur einmal zu hören. »Wie sonst sollten sie die Arbeit aushalten?« Oder: »Ich könnte das nicht!« Immer wieder dieses »Ich könnte das nicht«. Für mich klang es wie eine Herausforderung. An einem Ort, wo der Tod akzeptiert wird, kann es doch nicht so schlimm sein! Oder? Ich wollte es wissen.

»Da wirst du sicher außergewöhnliche Dinge erleben«, vermuteten einige Freunde. »Und schlimme Bilder sehen. Wie willst du das denn alles verarbeiten?«

Eine berechtigte Frage. Also nahm ich, als ich in meine kleine Einzimmerwohnung in der fremden Stadt zog, auch meinen Laptop mit, um mir täglich zu erzählen, was für Bilder ich gesehen habe.

1

Die beiden Lehrerinnen sehen sich fragend an. Sie studieren eine Karte. Blicken auf das Hospiz.

»Doch … das ist es«, sagt die eine. »Wir sind richtig!«, ruft sie den Schülern zu.

In kleinen, verstreuten Grüppchen kommen die Schüler die Straße herauf. Sie sehen das Hospiz. Ihr Reden verwandelt sich in ein Flüstern. Sie versammeln sich vor dem Eingang. Staunende und ungläubige Blicke.

»Wirklich?«

»Das ist es?«

»Das sieht ja richtig freundlich aus. Hätte ich nicht gedacht«, tuscheln sie.

Zaghaft betritt die Klasse das Haus. Jedes Lächeln erstirbt.

Ist es Zufall, dass sie alle schwarz gekleidet sind?

Ich folge den Schülern in den hellen kleinen Altbau.

Frau Söhnlein, die Leiterin, wartet im Foyer. Erst vor wenigen Jahren hat die etwas untersetzte, blonde Frau mit engagierten Freunden zusammen das Hospiz gegründet. Sie begrüßt die Klasse und geht mit ihnen ein Stockwerk höher in den »Erker der Harmonie«, den Gemeinschaftsraum.

Viel zeigen kann sie den Besuchern nicht; die zehn Zimmer des Hauses sind voll belegt. Und natürlich platzt man nicht in das Zimmer eines Todkranken, um ihn Schulkindern vorzustellen.

»Florentine, da bist du ja!«, ruft mir Schwester Yvonne zu, die ich vor Monaten bei einem Probetag kennengelernt habe. »Los, komm mit zur Übergabe!«

Wir gehen durch das Wohnzimmer. Ein großer, leerer Tisch steht in der Mitte des Raumes, umrahmt von Wandschränken und Vitrinen. Neben einem wuchtigen, grünen Sofa entdecke ich ein Spinett.

Durch die großen Fenster blicke ich auf den Park, der das Haus umgibt. Ein strenger, aber weitläufiger französischer Garten mit einigen Wasserbecken und Springbrunnen und breiten Wegen lädt zu Spaziergängen ein. Man sollte nicht meinen, dass eine große Stadt in der Nähe ist.

So romantisch sind die Gästezimmer natürlich nicht eingerichtet. Schöne, aber schlichte Möbel sind angesagt. Die Menschen, die hier leben, sollen sich geborgen fühlen; gleichzeitig muss die Pflege so einfach wie möglich gestaltet werden. In jedem Zimmer steht ein wuchtiges Pflegebett, das sich elektrisch verstellen lässt.

Ich folge Yvonne durch das stille Haus. Es riecht nach Mittagessen.

Am Ende des Flures liegt das Schwesternzimmer. Am Tisch sitzen Schwestern und notieren sorgfältig Daten auf vorgedruckte Dokumente. Andere lassen sich, einen Kaffee in der Hand, auf einen Stuhl fallen und schließen die Augen.

Mein erster Tag beginnt.

1. September

»Wir gehen jetzt zu Frau Lieblich. Dann kannst du mir schon ein bisschen bei der Pflege helfen.«

Ich folgte Schwester Yvonne, den Gang entlang, die Treppe hinauf. Die frühe Herbstsonne schimmerte durch die alten Bäume. Schläfrigkeit lag über dem Hospiz.

Ich wunderte mich: Warum wird die Frau nicht in Ruhe gelassen? Es ist früh am Morgen. Wenn sie etwas braucht, kann sie doch klingeln.

Yvonne blieb vor Zimmer 9 stehen. »Pst!« Sie legte den Finger auf die Lippen. »Also«, sagte sie leise. »Wir gucken jetzt vorsichtig rein. Wenn sie schläft, lassen wir sie in Ruhe.«

Sie klopfte an und öffnete die Tür.

Eine etwa 50-Jährige versuchte, den Geräuschen zu folgen. Ihr Kopf wandte sich uns ruckartig zu. Doch ihre Augen waren woanders, suchten die Zimmerdecke ab. Sie zitterte. Es dauerte eine Weile, bis sie uns fand.

Yvonne winkte und rief: »Guten Morgen!«

Frau Lieblich schwieg und rührte sich nicht. Ihre ängstlichen Augen folgten Yvonne angestrengt auf ihrem Weg zum Waschbecken.

»Komm her, Florentine! Guck mal, diese große Plastikschüssel; da füllst du bitte Wasser rein. Die stellen wir neben das Bett; so können wir Frau Lieblich leichter waschen.«

Kaum hatte ich die Wasserschüssel abgestellt, schnellte Frau Lieblichs Hand unter der Bettdecke hervor und klammerte sich an mir fest. Ihre Augen hakten sich in meine.

Yvonne lächelte. »Das geht jetzt nicht. Wir müssen Sie frisch machen. Komm, Florentine, wir müssen ihr das Nachthemd ausziehen.«

Ich versuchte, von Frau Lieblich loszukommen. Immer wieder griff sie nach mir.

»Das liegt an ihrer Krankheit«, flüsterte Yvonne und tippte sich an den Kopf. Sie tunkte einen Waschlappen in das warme Wasser. »Ich gehe Ihnen jetzt mal damit durchs Gesicht, in Ordnung?«

Frau Lieblich sah mich unentwegt an. Langsam nickte sie. Yvonnes Hand näherte sich ihr. Reflexartig griff Frau Lieblich zu.

»Sie sind vielleicht 'ne Nudel«, sagte Yvonne und schob ihre Hand weg. »Ich will Sie waschen. Das geht nicht, wenn Sie mich festhalten. Florentine, nimm du sie mal.«

Sie drückte so fest zu, dass meine Finger kalt wurden.

»Jetzt nur noch die Windel. Dann haben wir's«, kündigte Yvonne an. Sie öffnete die Windel. »Oh, da ist aber einiges gekommen. Wunderbar! So, nun müssen wir sie auf die Seite drehen. Jetzt brauche ich deine Hilfe.«

Ich wand mich los. Yvonne führte meine Hände an die richtigen Stellen, und wenige Sekunden später hatten wir die Frau auf die Seite gedreht.

»Halt sie gut fest!« Yvonne nahm Klopapier.

Ich drehte den Kopf weg. Frau Lieblich sagte keinen Ton, und dennoch hatte ich das Gefühl, dass sie voll und ganz da war.

Auf dem Nachttisch entdeckte ich ein Foto, das sicher erst ein paar Jahre alt war. Darauf eine gesunde, etwas pummelige Frau, ihre Tochter im Arm. Irgendwie war das zu viel.

»Geht es dir nicht gut?«, fragte Yvonne, als wir das Zimmer verließen. »Ist ein bisschen viel auf einmal, oder? Mach erst mal Pause.«

Die Pause half mir nicht. Den Rest des Dienstes knetete ich aufgeweichte Taschentücher in meiner Hosentasche. Noch immer fühlte ich ihre Hand. Noch immer sah ich das Foto. Und noch immer musste ich daran denken: Das könnte ja auch Mama sein …

Mein Dienst war vorbei. Frau Lieblich saß im Wohnzimmer des Hospizes. Allein. Ich setzte mich neben sie und gab ihr meine Hand. Einige Minuten schwiegen wir. Sie sah mich ängstlich an. Doch sie lächelte.

»Florentine, du hast frei!«, rief mir jemand zu.

Frau Lieblich legte ihren Arm um mich.

»Geh nach Hause. Du brauchst eine Auszeit!«, bemerkte Schwester Agnes, der während der Übergabe meine roten Wangen nicht verborgen geblieben waren. Frau Lieblich fing an, mich zu streicheln, mir durchs Haar zu fahren. Und ich ließ mir von ihr erzählen. Die Frau, die ich bisher nur den Kopf schütteln oder hatte nicken sehen, erzählte mühselig und stotternd von ihrer Tochter. Von ihren Pferden. Sie schaffte es sogar, mit zittriger Stimme mitzuteilen, welchen Beruf sie hatte: Rechtsanwaltsgehilfin.

»Wenn du schon mal hier bist: Kannst du ihr Essen anreichen?«, bat Agnes.

Ich fütterte sie unbeholfen; sie ließ meine rechte Hand nicht los.

»Jetzt ist aber Schluss«, forderte Agnes später. »Du bist schon eine Stunde hier. Das ist zu viel für dich!«

Aber genau das ist es, was ich will, und das geht während der Dienstzeiten nicht: Menschen einfach nur festhalten. Ich konnte Frau Lieblich anderthalb Stunden verschönern.

»Spielen Sie ein Instrument, Frau Lieblich?«

»Noch nicht.«

Arbeitsalltag im Hospiz

Der Frühdienst

Um sieben Uhr morgens treffen sich zwei oder drei Schwestern, die nun ihren Dienst beginnen, mit den zwei Nachtschwestern im Schwesternzimmer. Während der Übergabe werden Besonderheiten aus dem Nachtdienst weitergegeben.

Die Übergabe darf nicht gestört werden. Die FSJler halten sich währenddessen außerhalb des Schwesternzimmers auf.

Auf einem Dienstplan teilt die Schwester, die die Schichtleitung übernimmt, jedem Gast eine Schwester zu. Vorsichtig spinksen wir in die Zimmer; wer schläft, den lässt man schlafen. Wer wach ist, bekommt sein Frühstück und wird gepflegt. Das bedeutet morgens eine Komplettwäsche von Kopf bis Fuß, die manchmal viel Zeit braucht.

Um zwölf gibt es Mittagessen. Danach liegt eine selige Stille über dem Haus, weil alle ihr Mittagsschläfchen halten.

Der Spätdienst

Um zwei beginnt die zweite Übergabe. Ein oder zwei Schwestern treffen ein. An dieser Übergabe dürfen auch FSJler teilnehmen. Die Hauptsache: Einer muss immer draußen bleiben, um den Gästen zu helfen.

Danach ist es Zeit für Kaffee und Kuchen. Den bettlägerigen Gästen wird zuvor noch einmal kurz »in die Hose geguckt« und gegebenenfalls die Windel gewechselt.

Nach dem Abendessen um sechs geht es nach und nach ins Bett. Die Gäste werden umgezogen. Insgesamt gibt es im Spätdienst viel weniger zu tun.

Um neun Uhr abends treffen die zwei Nachtschwestern ein. FSJler dürfen keine Nachtschichten übernehmen.

2. September

Herr Hubert liegt von morgens bis abends im Bett.

»Sehen Sie mal!«, sagte er, als ich ihm das Essen brachte. »Die Frau bewegt sich!« Er blickte konzentriert auf das Gemälde, das seinem Bett gegenüber hängt, *Mohnfeld bei Argenteuil* von Claude Monet.

»Die Frau bewegt sich! Wirklich! Kommen Sie mal her!« Er winkte mich zum Sessel neben sich. »Gucken Sie mal ganz genau auf die Frau. Konzentrieren Sie sich auf sie. Dann sehen Sie, wie sie geht.«

Ich konzentrierte mich auf die Frau. Sie stand weiterhin da.

»Da!«, rief er. »Jetzt hat sich das Kind bewegt! Und jetzt sie! Sehen Sie?«

»Nein«, gab ich zu.

»Jetzt dreht sie gerade den Schirm! Sehen Sie das denn nicht? Und jetzt geht sie wieder nach vorne. Das ist 'ne optische Täuschung des Auges. Sehen Sie?«

»Nein.«

»Oder die Bäume. Hinten links der Baum; da sind zwei Gesichter drin. Das eine sieht ein bisschen aus wie Jesus. Ich frage mich, wie der Maler das hinkriegt ...«

6. September

Frau Lieblich hatte mir Kraft gegeben. Tag für Tag spürte ich ihre Hand; aber nun hatte das eine andere Bedeutung. Ich konnte den Schwestern helfen, ohne Taschentücher zu kneten.

Irritierte Blicke folgten mir; vor wenigen Tagen von einem Foto erschüttert, heute bester Laune?

Kurz vor Dienstschluss klingelte ein Gast.

»Komm mit!«, sagte Johanna. »Da kann ich dich vielleicht brauchen.« Johanna absolviert seit drei Monaten ihr Freiwilliges Soziales Jahr. »Du kannst ja noch mal zur Wäsche gehen«, schlug sie Gülay vor, die in vierwöchiger Arbeit verinnerlicht hat, wie man Handtücher faltet.

Frau Lieblich machte mir und Johanna Zeichen, dass sie aufstehen wollte.

Johanna stöhnte. »Florentine, gib mir das Kissen. Nein, das gestreifte! Und jetzt halt sie fest.«

Sie brachte Frau Lieblich in eine andere Lage, stopfte Kissen unter ihren Rücken und ging.

»Warum tust du das?«, fragte ich noch.

»Weil jetzt keiner auf sie aufpassen kann.«

Die Schwestern waren in der Übergabe. Die Wäsche war gefaltet. Ich blieb also bei Frau Lieblich sitzen, um meine Hand nehmen zu lassen. Frau Lieblich suchte die Decke ab. Ihr Daumen streichelte meinen Handrücken. Zwei Minuten vergingen.

Gülay kam. Sie blieb in der Tür stehen und rieb die Klinke.

»Was ist denn?«, fragte ich.

Sie räusperte sich. »Kann ich mal mit dir sprechen?«, entgegnete sie mit ernster Miene. »Ist nichts Schlimmes … wirklich! Aber … kann ich mal mit dir sprechen?«

»Ich muss gehen, Frau Lieblich.« Schweren Herzens befreite ich mich aus ihrem Griff und schloss die Tür hinter uns. »Also?«

»Nicht hier«, sagte Gülay. »Komm, ich, wir …«

Johanna saß im Wohnzimmer und betrachtete finster die Servietten.

Gülay ließ sich auf einen Stuhl fallen. »Setz dich«, sagte sie und holte tief Luft: »Wie oft warst du eigentlich schon nach Dienstschluss hier?«

»Ein Mal.«

Johanna zog ungläubig die Augenbrauen hoch. Sie griff nach einem Stapel Papierservietten und begann sie zu falten.

»Du solltest nach Dienstschluss nicht hier sein«, sagte sie. »Das macht dich kaputt.«

»Ein Mal. Ich war ein Mal hier.«

»Aber das ist zu oft!«, fiel Gülay ein. »Am Ende kriegst du Mitleid mit den Gästen.«

»Und wenn?«

»Dann hältst du's hier nicht lange aus«, prophezeite Johanna und stellte einen Serviettenfächer auf den Tisch. »Distanz!«

»Noch zwei Wochen, und du bist am Ende.«

»Ihr redet sicher aus Erfahrung«, stellte ich fest.

»Ich würde so was nicht machen«, sagte Gülay.

»Ich gehe nach Dienstschluss immer nach Hause«, echote Johanna.

»Deshalb geht's uns ja auch gut.«

8. September

Ein Schrei gellte durch das Haus.

»AAAAAAHHHHHHHHH!«

Wieder und wieder. Gülay und ich sahen uns an, sprangen auf, hasteten die Treppe rauf. Stirbt jemand? Die Schreie drangen aus dem Zimmer von Frau Prussig. Die letzten Kräfte zusammennehmend, öffnete ich die Tür, hinter der eine leidende, von Schmerz gepeinigte Frau liegen würde …

Frau Prussig lag im Bett. Sie hatte das Kopfteil hochgefahren, sodass es aufrecht stand. Und was war der bewegungsunfähigen 95-Jährigen passiert? Sie war heruntergerutscht. Wie ein hilfloses Knäuel lag sie dort. Und motzte. »Aha, kommt endlich mal jemand!«

Ihr Körper lag zusammengeknuddelt am Fußende. Aus dieser interessanten Lage blickten uns ungehaltene Augen an. »Jetzt tun Sie doch was!«

Wir hievten die Frau wieder hoch.

»So. Und jetzt will ich fertig gemacht werden.«

»Die Schwestern sind gerade noch bei der Übergabe. Können Sie sich ein bisschen gedulden?«

Sie stöhnte. »Wie viel Uhr ist es denn?«

Ich sah auf die Uhr: »Fast sieben.« Wir legten ihr Kissen unter die Beine.

»Und könnt ihr mir mal verraten, wie spät es ist?«

»Wir haben fünf vor sieben, Frau Prussig«, sagte ich laut. »Komm, Gülay, wir ziehen sie noch mal hoch.«

»Wie spät ist es eigentlich?«

»Fast sieben, Frau Prussig«, rief ich.

»Herrje, dann gib mir halt meine Uhr, guck ich eben selber …« Sie griff nach der Armbanduhr auf ihrem Nachttisch. »Ach … ist ja schon fast sieben.«

Eine Stunde später hatte Schwester Marga sie bereits gewaschen und wollte sie nun anziehen: »Frau Prussig, was möchten Sie tragen? Diese Bluse hier?«

»Nee, die hatte ich gestern schon an.«

»Die hier?«

»Ja, geben Sie mal her.«

Wir fummelten sie in die Textilie.

»Frau Prussig, welche Hose möchten Sie denn?«

Frau Prussig winkte ab. »Ist egal.«

»Wir haben eine beige und eine schwarze. Was passt besser, was glauben Sie?«

»Das ist doch scheißegal! Jetzt geben Sie halt irgendeine her.«

»Schon gut«, sagte Marga verdattert. »Ich dachte halt, Sie wollen sich vielleicht ein bisschen schick machen.«

»Schick machen? Ich liege den ganzen Tag in diesem Bett, da ist es doch völlig wurscht, ob ich schick bin.«

Die Dame hatte es auf den Punkt gebracht.

»Möchten Sie denn frühstücken?«, fragte Marga.

»Ja.«

»Und was hätten Sie gerne?«

»Bringen Sie mir halt irgendwas.«

»Also, wir haben Eier, Brötchen, Graubrot ...«

»Herrgott, ich hätte gerne ein Frühstück!«

»Ich weiß, aber ich muss doch wissen, was ich Ihnen bringen soll.«

»Ein Frühstück!«

»Ein Brot?«, schlug Marga vor. »Mit Marmelade?«

»Nee, keine Marmelade!«

»Wurst? Käse?«

»Ja!«

»Ein Ei?«

»Ja.«

»Kaffee?«

»Ja. Mit Milch.«

»Florentine, bleibst du bitte kurz hier, ich hole schnell das Frühstück.«

Sie ging hinaus, und Frau Prussig stöhnte. »Sagt mal, habt ihr nicht mittlerweile einen Rhythmus?«

»Doch.«

»Ja, wieso dauert das denn so lange, bis ihr mir ein Frühstück bringt?«

»Sie sind ja noch nicht so lange hier. Und wir müssen erst wissen, was Sie mögen.«

»Gott, ich will einfach ein Frühstück.«

Marga kam herein. Auf dem Tablett Kaffee …

»Da ist ja gar keine Milch.«

»Doch, Frau Prussig, die hab ich schon in den Kaffee geschüttet.« Und ein Brötchen mit …

»Herrgott, da ist ja Marmelade drauf! Kriegt ihr denn gar nichts auf die Reihe?«

9. September

Eine große, hagere Frau stand auf dem Flur und hielt sich unsicher am Geländer fest. Das Nachthemd reichte ihr kaum bis zum Knie. Konzentriert blickte sie auf ihre Füße. Langsam hob sie das rechte Bein und machte einen Schritt. Sie verschnaufte. Langsam hob sie das linke Bein und machte einen Schritt.

»Frau Stöckl?«

Fast wäre sie hingefallen. Erschrocken klammerte sie sich an das Geländer. Sie hob den Kopf. Sie weinte. »Ich will nach Hause.«

Ich hatte zu tun; viele Gäste mussten versorgt werden. Nach ein paar Worten ließ ich Frau Stöckl stehen.

Eine Viertelstunde später kam ich noch einmal an derselben Stelle vorbei. Und noch immer stand sie dort in ihrem gepunkteten Nachthemd und sah mich verzweifelt an. »Ich will nach Hause!«, flehte sie.

Ich war nicht für sie eingeteilt. Sie durfte mich heute nicht interessieren.

Fotos

Herr Startz ist fett. Wenn man ihn wäscht, muss man tief unter seinen Bauch greifen. Seine Mundwinkel hängen herunter. Er hat ein Doppelkinn. Sein Gesicht ist ausdruckslos. Er ist bleich. Er ist abwesend.
Auf seinem Schreibtisch steht ein Foto. Darauf ist eine junge Frau zu sehen. Sie steht an einem Gipfelkreuz. Sie wird umarmt. Aber von wem? Ein schöner junger Mann lacht in die Kamera. Mit ebenmäßigen Gesichtszügen. Braun gebrannt. Ein Märchenprinz.
Ich sehe Herrn Startz genau ins Gesicht. Doch: Das soll derselbe Mensch sein. Das ist derselbe Körper. Dort mit Sixpack. Hier mit Urinbeutel.

Ein Stockwerk tiefer liegt eine junge Frau im Bett. Sie ist 30 Jahre alt. Ihr Mund steht offen.
Sie hängt an vielen Schläuchen. Es ist seltsam, sie zu wickeln. Bei den anderen Gästen wäscht man welkes Fleisch. Da ist keine Schambehaarung mehr. Bei ihr ist alles jung. Sie hat dunkle Locken zwischen den Beinen. Einen kleinen, strammen Busen. Und ein Piercing an der rechten Augenbraue. Manchmal schreit sie. Das hört man noch ein paar Zimmer weiter. Ihre Hände krampfen sich zusammen. Ihre Beine sind schräg verwinkelt. Sie schielt zur Decke.
Auf dem Nachttisch steht ein Foto. Die Sonne scheint. Im Hintergrund stehen verschwitzte Touristen. Man

sieht die Hitze. Eine junge Frau steht auf der großen Wiese vor dem Eiffelturm und breitet die Arme aus. Die Bäume blühen. Es geht ihr gut. An ihrer rechten Augenbraue ist ein Piercing.
Es fällt mir leichter, Wunden zu sehen als Fotos.

16. September

Frau Lieblich lag im Bett, das auf den Balkon gerollt worden war.

Ich habe ein seltsames Gefühl. Sie hat kaum mehr das Bedürfnis, eine Hand zu halten, ist noch abwesender als sonst. Ich glaube, es ist bald vorbei.

Doch als ich mich neben sie setzte: »Florentine, kannst du bitte bei Frau Prussig das Tablett abräumen?«

Für die Menschen habe ich wenig Zeit. Ich muss Urinflaschen entleeren.

Frau Lieblichs Tochter weinte, sobald sie sich an der Seite ihrer Mutter niederließ. »Ich habe ein dummes Gefühl«, sagte sie.

»Ich auch«, antwortete ich.

Ich habe ein ganz dummes Gefühl.

»Der Tochter von Frau Lieblich geht's nicht gut«, erzählte ich einer Schwester.

»Wie? Ich war doch gerade bei ihr.«

»Ja, aber die ist irgendwie ziemlich fertig.«

Eine andere Schwester kam dazu: »Was? Wir haben der doch gerade noch ein Vanilleeis gebracht. Ist ihr übel?«

»Nein, nicht körperlich …«

»Ach so.«

»Sie sagt, sie hat so ein dummes Gefühl, und sie weint ein bisschen.«

»Ach, ist logisch, das passiert immer mal wieder, ist ja schließlich ein Sterbehospiz hier.«

Ich habe das große Bedürfnis zu helfen. Ist irgendwie fehl am Platz.

21. September

Am Wochenende hatte ich frei. Schon am Samstag dachte ich mir: »Ob Frau Lieblich wohl noch lebt, wenn ich komme?«

Heute sah ich auf dem Dienstplan: *Zimmer 9: /*

»Frau Lieblich ist tot?«, fragte ich.

»Ja, letzte Nacht.«

Ich wollte sie noch einmal sehen, und Schwester Christine begleitete mich. Da lag sie, die Frau Lieblich. Ihr angestrengtes und verzerrtes Gesicht war endlich entspannt. Sie sah glücklich aus. In den gefalteten Händen steckte ein Ginkgoblatt. Sie war kalt.

Ich ging vor die Tür und weinte. Ich *wollte* um sie weinen.

Ihre Verwandten kamen. Es wurde dunkel.

»Gute Nacht!«, riefen die Schwestern aus dem Spätdienst und liefen zur Straßenbahn. Es war spät, als auch Frau Lieblichs Tochter sich verabschiedete.

Ich betrat ihr Zimmer.

Die Vorhänge waren zugezogen. Ein Teelicht brannte. Jetzt lagen Fotos und Erinnerungsstücke auf der Bettdecke. Ich nahm mir einen Stuhl. Redete mit ihr. Das war schön. Als ich ging, küsste ich sie auf die Wange.

Oh, das darf nie jemand erfahren! Distanz!

Es war schön, ihr einen Abschiedskuss zu geben.

Ich bin beseelt.

23. September

Heute bin ich an meine Grenze gestoßen: Ich sollte mit Schwester Bianca zusammen Frau Lieblichs Zimmer aufräumen. Ich dachte, das sei wie üblich: nur alles desinfizieren. Aber Pustekuchen! Da waren noch all ihre Sachen! Da stand noch das Foto mit ihrer Tochter … Wieder musste ich an Mama denken. Das war zu viel für mich. Ich durfte gehen.

»Ist Frau Lieblich eigentlich schon vorgestern abgeholt worden?«, fragte Nils, der Azubi.

»Nee«, sagte ich, »die Tochter ist ja erst abends gegangen. Wenn sie um 22 Uhr noch dalag, wurde sie sicher nicht mehr abgeholt.«

»Was?« Johanna legte ihr Käsebrötchen auf den Teller. »Da hattest du doch schon längst frei!«

»Ich bin ein bisschen länger geblieben.«

»Hä?« Gülay schaute von ihrer *Gala* auf. »Wieso?«

»Weil ich sie noch einmal sehen wollte.«

»Hä?«

»Also, Abschied nehmen würde ich auch gerne mal«, bemerkte Johanna. »Aber ich würde niemals extra warten, nur um einen Toten anzuglotzen.«

25. September

»Herein! Ach, hallo Florentine!«

Frau Gabriel legte ihren Dostojewski auf die Knie und strahlte mich an.

»Moin, Frau Gabriel. Ich wollte fragen, ob Sie Lust auf Kuchen haben.«

»Ja, ich komme gleich.«

»Das dürfte harte Arbeit werden«, bemerkte ich mit Blick auf den Schaukelstuhl.

»Allerdings.«

»Ach, sieht das gemütlich aus. Ich würde mich gerne in Ihr Bett legen. Ich bin so früh aufgestanden ...«

»Wieso?«, fragte die 80-Jährige und reichte mir die Hände. »Du hast doch jetzt Spätdienst.«

Ich zog sie hoch. »Ja, aber ich bin davor noch in die Stadt gefahren.«

»Sag mal, triffst du dich da mit wem?« Sie drehte sich zum Spiegel und zupfte schelmisch ihre lavendelfarbene Dauerwelle zurecht.

»Nee, wie kommen Sie auf die Idee?«

»Du bist so oft in der Stadt ... das kommt mir langsam verdächtig vor.«

»Hier geht ja auch nicht gerade die Post ab. Die Männer, die hierhin kommen, sind meistens etwas zu alt. Und wenn mal junge Enkel dabei sind, sind die nicht so gut gelaunt ...«

»Gehst du nicht mal in die Disco?«

»Nein, damit kann ich gar nichts anfangen. Das ist ja gerade das Blöde!«

»So kann das nicht weitergehen.«

Sie schüttelte entschlossen den Kopf.

»Es ist höchste Zeit für einen Schlachtplan. Setz' dich doch in ein Café …«

»Na und? Zu mir kommen höchstens Langweiler. Die interessanten Jungs sind irgendwie zu schüchtern.«

»Dann lad' du doch einen ein!«

»Genau, so machen wir's: He, du da! Frau Gabriel hat mir gesagt, ich soll dich auf'n Kaffee einladen, kommst du mit?«

Sie kicherte wie eine kleine Hexe.

26. September

Ich habe zum ersten Mal Intimpflege gemacht. Bei Frau Stöckl. Es ist nicht sonderlich schwer. Kein kompliziertes Windelsystem. Doch es war seltsam. Wie oft habe ich diesen Vorgang beobachtet; es selbst zu tun ist etwas völlig anderes.

Frau Stöckl. Sie begrüßte mich mit »Guten Tag, liebes Kind!« und strich mir zärtlich über die Wange. Das tut sie fast jedes Mal, wenn wir uns über den Weg laufen. Eine 95-Jährige mit wunderschönen, klaren Falten. Ich habe noch nie eine so alte, so große Frau gesehen. Könnte sie sich aufrichten, würde sie mich weit überragen. Doch wenn sie tief gebückt, auf ihren Rollator gestützt, durch die Gänge geht, wundert es einen, dass diese hagere, kraftlose Gestalt nicht durch vorübereilende Schwestern umgeweht wird. Sie hat ein leicht abwesendes Lächeln. Und stets wirkt sie etwas müde. Sie hat keine Verwandten mehr.

Im Zimmer lebt ihr Meerschweinchen. Sie hat Heimweh.

Und dieser Frau fahre ich mit einem beigen Waschlappen über die Schamlippen. Creme sie mit Penatencreme ein. Es ist ein seltsames Gefühl.

»Mache ich's auch richtig?«, frage ich unsicher.

Sie lächelt. »Ach, liebes Kind!«, sagt sie und streicht mit den Händen einer Trümmerfrau durch ein Gesicht, auf dem noch die Ausläufer der Pubertät zu erkennen sind.

28. September

»Florentine, kannst du bitte auf Zimmer 5 kommen und mir helfen? Könnte etwas länger dauern …«

Zimmer 5: Frau Guerreri.

»Seit sie hier ist, seit drei Wochen, warten wir darauf. Endlich ist es passiert! Sie hat so viele Medikamente bekommen. Endlich hat sie abgeführt!«

Der Rücken war braun. Bis auf den Bauch, die Oberschenkel entlang zogen sich die Spuren. In einem langwierigen Prozess wurde sie gesäubert, während die Scheiße einfach weiterlief. Sie sagte nichts. Sie atmete schwer, die Augen waren nach oben verdreht. Vor der Tür wartete der Vater. Er hilft bei fast allem mit. Aber das war zu viel.

Eine Frau, die einmal bildschön war, lag völlig entstellt in ihrem eigenen Dreck. So muss ich es schreiben. Da geht kein Weg dran vorbei. Das Zimmer stank.

Ich hatte kein Problem damit, zu helfen. Aber danach … danach ging ich in den Park, um zu weinen.

29. September

Tja, Frau Gabriel und ich: Irgendwie hat's bei uns gefunkt. Wir sind einfach auf einer Wellenlänge. Es kommt in letzter Zeit selten vor, dass ich direkt nach Dienstschluss das Hospiz verlasse. Ich kann ja nicht! Es muss doch irgendwie möglich sein, Frau Gabriel im Backgammon zu schlagen!

Und dann kommen wieder diese blöden kleinen Gedanken. Von wegen »Distanz halten«. Distanz! Distanz! Distanz!

Auch Frau Gabriel äußerte ihre Besorgnis: »Flo, wir verstehen uns so gut … glaubst du nicht, dass es zu hart für dich wird, wenn ich gehe?«

»Ja«, sagte ich. »Das wird hart. Aber das will ich. Denn wenn ich traurig bin, heißt das, dass wir eine tolle Zeit miteinander hatten.«

Ich werde vielleicht noch weise und unsensibel. Aber: Ich will es erst werden, nicht von Anfang an sein!

Wenn ich einige Gäste kennen- und hoffentlich auch lieben lerne, dann werde ich trauern. Wie bei Frau Lieblich.

Irgendwann werde ich nicht mehr weinen, wenn jemand stirbt, den ich ein bisschen kannte. Aber nicht, weil ich zu feige war, ihn kennenzulernen, sondern weil ich gelernt habe, mit dem Tod besser umzugehen.

Wenn ich immer nur Angst um meine Psyche habe, wozu dann ein Freiwilliges Soziales Jahr?

30. September

»Kannst du mal nach dem Herrn Krause schauen?«

Unser Zimmermeister lag wie immer im Bett. Wie immer? Nein, das kann man so nicht sagen. Offiziell ist er bettlägerig. Er kann auch keinen Schritt mehr tun. Doch man muss regelmäßig nach ihm sehen. Denn mitnichten bleibt er brav im Bett liegen. Sich lediglich die Wunden am Arm aufzukratzen und zu röcheln, das ist für ihn verständlicherweise ein etwas eintöniges Tagesprogramm. Und so findet man ihn selten in der Position liegen, in der man ihn verlassen hat. Nach kurzer Zeit findet man ihn zum Beispiel falsch herum, mit dem Kopf am Fußende des Bettes liegend. Das sieht, wenn das Kopfteil etwas hochgefahren wurde, interessant aus. Doch wie schaffte er es einmal, sogar im Sessel zu landen? Die Schwestern können es sich nicht erklären: Er war über das Bettgitter hinweg bis in den Sessel gekrabbelt. Da hat jemand noch Lust, das Leben aus ganz unterschiedlichen Perspektiven zu betrachten!

Zu diesem Mann trat ich vorsichtig ins Zimmer. Er lag ordnungsgemäß im Bett. Neben ihm der Schnabelbecher mit Cola. Er sah mich an.

»Was machen Sie denn hier?«, nuschelte er.

Ich beugte mich weiter vor, um ihn zu verstehen. »Ich wollte nur mal nachgucken, ob alles o. k. ist.«

Er tastete sich mit der Hand am Bettgitter hoch und legte sie auf meine. »Alles in Ordnung«, war die mühevoll hervorgepresste Antwort.

Ich wollte gehen. Ein leises »Nein« und ein Händedruck hielten mich zurück. Seine Augen verengten sich zu Schlitzen, sein Kopf sackte zur Seite, sein Atem wurde schwerer. Er schien einzudösen. Es war still.

»Ich lasse Sie in Ruhe, oder?« Wieder machte ich Anstalten, zu gehen.

Ein etwas lauteres »Nein!« folgte. Er griff nach meiner Hand. Ich ließ sie ihm, er hielt mich fest. Und da stand ich, zu ihm heruntergebeugt. Er betrachtete meine Brüste. Mit einem verträumten Blick sah er sie an. Und lächelte.

Von der Wiege bis zur Bahre
sind es fünfzig Jahre,
dann beginnt der Tod.
Man vertrottelt, man versauert,
man verwahrlost, man verbauert
und zum Teufel gehn die Haare.
Auch die Zähne gehen flöten,
und statt dass wir mit Entzücken
junge Mädchen an uns drücken,
lesen wir ein Buch von Goethen.

Aber einmal noch vorm Ende
will ich so ein Kind mir fangen,
Augen hell und Locken kraus,
nehm's behutsam in die Hände,
küsse Mund und Brust und Wangen,
zieh ihm Rock und Höslein aus.
Nachher dann, in Gottes Namen,
soll der Tod mich holen. Amen.

(Hermann Hesse)

Er hob die andere Hand und griff nach meinem Gesicht, hob den Kopf ... »Komm her!«, flüsterte er.

»Nein, Herr Krause«, sagte ich.

Wehren musste ich mich nicht, denn gerade in diesem

Augenblick ging die Tür auf, und Christine kam herein. »Na, Sie haben sich ja den Arm wieder aufgekratzt! Den werde ich noch mal verbinden.«

Ich musste daran denken, was uns gesagt worden war: Es war einer FSJlerin von einem Gast in den Schritt gefasst worden. Er wurde ermahnt, wenn das noch einmal passiere, würde er herausgeschmissen. Jede Art der sexuellen Belästigung solle man melden, es werde dementsprechend gehandelt. Gefallen lassen müssen wir uns so etwas auf jeden Fall nicht.

»Wir erfüllen letzte Wünsche.«

Es mag komisch anmuten, doch dieser so oft ausgesprochene Satz schießt mir durch den Kopf. Einer seiner letzten Wünsche ist es, einfach ein junges Mädchen bei sich zu haben. Und wenn er ihm nur die Hand hält und es betrachtet. Was ist an diesem Wunsch schlecht? Ich verübie es ihm nicht. Im Gegenteil: Ich gönne es ihm.

Er ist so schwach; ich muss mich nur einen Meter von ihm entfernen und schon bin ich weit weg.

3. Oktober

Als mir ein leichtes Stöhnen entfuhr, fing ich mir einen tadelnden Blick von Schwester Christine ein. Wir hatten gerade den Verband von Frau Bachs Schulter entfernt.

Wie ein offener Mund klaffte ihre Wunde. Als käme aus ihrer Schulter ein Schrei. Tief und breit konnte man ins Fleisch gucken. Und es tat mir weh, als ich sah, wie Kompressen in das Loch gestopft wurden. Ich hätte am liebsten für diesen Mund geschrien.

6. Oktober

Ich versuche es. Ich versuche, nur das zu erledigen, was man von mir verlangt. Und es ist so langweilig. Plötzlich schleichen die Minuten wieder wie in der Schule.

Und dann ... dann setze ich mich zu Frau Bach, die in ihrem Bett auf der Terrasse liegt, und rede mit ihr.

Sie war Karikaturistin. Und wir beide lieben klassische Musik.

Als wir uns über meine Zukunftspläne unterhielten, darüber, dass Schriftstellerin zu sein mein Traum sei, der leider wenig Aussicht auf Erfolg verspricht, erzählte sie mir: »Ein Neureicher kaufte ein teures Bild, von dem ihm Kunstexperten sagten, es würde in ein paar Jahren bereits das Doppelte wert sein. Nach zwei Jahren ging er zurück in die Galerie, wo er es erworben hatte, und ließ den Wert schätzen: Er hatte sich nicht verändert. Das Bild war eine Fehlinvestition gewesen. Da hing noch ein Bild an der Wand. Es hatte ihm damals viel besser gefallen, aber die Experten hatten ihm versichert, dass es nichts bringen würde. Dieses Bild war in der vergangenen Zeit im Wert unglaublich gestiegen. Hätte er auf seinen Bauch gehört, dann hätte er einen van Gogh gekauft. Verstehen Sie, was ich meine?«

7. Oktober

Ich trat zu Dienstbeginn in den Eingangsbereich, da stand Frau Stöckl bereits im Fahrstuhl. Schnell ging ich zu ihr.

»Ach, da ist ja mein Schatz!«, sagte sie und streichelte meine Wange. »Wir müssen hoch, oder?«

»Nein.« Es war gut, dass ich sie begleitete. Sie kann sich schnell verirren. Oft habe ich ihr im Laufe des Tages das Zimmer gezeigt, und oft hat sie mir dankbar die Hand gedrückt.

Ich brachte ihr die Medikamente.

»So viele wieder!«, sagte sie erschrocken.

Ich half ihr bei der Intimpflege. Wusch sie, cremte sie ein. Mit gespreizten Beinen lag sie da – und es traf mich wie ein Hammerschlag, als sie sagte: »Walte deines Amtes.«

Um 13 Uhr bekam Frau Bach einen hysterischen Anfall. Ihre Schreie hörte man auch ein Stockwerk darunter noch deutlich. Sie bekam Morphin gespritzt. Zu schreien hörte sie bald auf. Aber so richtig wollte es nicht enden. Ich sollte mich zu ihr setzen, weil die Schwester wegmusste.

»Sing ihr etwas vor.«

Sie stammelte ununterbrochen »Hilf mir, hilf mir, hilf mir …« und »Aua, aua, aua …«. Eine halbe Stunde lang, dann hatte ich Dienstschluss.

Bis dahin summte ich Lieder vor mich hin. Es brachte kaum etwas, sie stammelte höchstens etwas leiser. Man hatte mir gesagt: »Kein Körperkontakt!« Doch ich versuchte es. Und sie ließ sich von mir ganz zart die Hand streicheln. Ich redete und summte, bis Schwester Bianca reinkam und mir sagte, dass der Dienst vorbei sei. Sie schloss die Tür hinter uns und wir ließen Frau Bach alleine.

»Das ist psychisch«, sagte sie. »Die hat so heftige Schmerzmittel bekommen, die kann gar keine Schmerzen mehr haben. Sie will nur Aufmerksamkeit.«

9. Oktober

Um Herrn Krause hatte ich mich nicht zu kümmern. Trotzdem ging ich zwischendurch zu ihm. Er wollte mich küssen. Doch mit einer kleinen Handbewegung, einem leisen »Nein«, konnte ich mich seinem schwachen Griff entziehen. Er stupste mit seinen müden Fingern grinsend gegen meine Nase. Ich saß bei ihm, wir redeten ein wenig. Viel ist nicht mehr möglich, die geröchelten Worte muss er mehrmals wiederholen.

Dann kam Johanna herein. »Naaa, Herr Krau-se!«, rief sie ihm ins Gesicht und zog jede Silbe in die Länge. »Wie geht es Ih-nen?«

Der Mann hört erstklassig. Johanna verwechselt etwas. Und nicht nur sie. Wenn Menschen kaum mehr den Mund aufkriegen, neigen ihre Mitmenschen dazu, sie für schwerhörig zu halten. Herrn Krause kann ich ein »Nein« zuhauchen, ich kann ihn flüsternd Dinge fragen. Und er antwortet.

Auch an eine andere Eigenart meiner Altersgenossin habe ich mich noch nicht gewöhnt: Wieder einmal klappte mir die Kinnlade herunter, als Johanna Handschuhe anzog, um Bettdecken in die Waschmaschine zu stopfen. Keine Unterhosen – Bettdecken! Die Frau ist gelebter Ekel. Ekel vor den Menschen, für die sie sich selbstlos aufopfert.

Leider nicht nur sie.

Der Azubi Nils bemerkte, dass ich Sandalen trug: »Das sind aber keine guten Arbeitsschuhe.«

»Wieso?«, fragte ich. »Ich habe da guten Halt drin.«

»Ja, aber die sind so offen.«

»Was spricht dagegen?«

»Da könnten Exkremente drauftropfen.«

»Na und? Waschlappen nehmen, wegmachen, und gut ist.«

»Bäh ...«

nebenbei

Ekel

Latexhandschuhe sind Mangelware. Es werden so viele gebraucht; da kommt man mit den Lieferungen kaum hinterher.

Ekel: eigentlich »was zum Erbrechen reizt«, steht in meinem Herkunftswörterbuch.

Vieles an Kranken ist *ekelhaft:* Ihre Wunden. Ihre Windeln.

Ekel ist obligatorisch. Wer ihn nicht empfindet, ist selber ekelhaft. Wer einem Menschen mit bloßen Händen an den Hintern fasst, ist abstoßend. Nächstenliebe besteht aus Latexhandschuhen. Dann fühlen die Kranken sich sauberer. Dann hat man Distanz.

Ich hatte vor dem Ekel noch nie so einen Ekel wie hier.

Die Menschen mögen krank sein. Lallend an die Decke starren. Sie kriegen trotzdem alles mit. Sie spüren jede Abneigung.

Und wo fängt der Ekel an? Dass es einigen schwerfällt, den Menschen im Intimbereich herumzuhantieren, ist verständlich. Auch bei mir ist manchmal eine Grenze erreicht. Aber sie heißt nicht »Ekel«. Es war nicht schlimm für mich, Frau Stöckl mit dem Waschlappen

zwischen die Beine zu gehen. Es war schlimm, zu hören: »Walte deines Amtes.«
Es war schlimm, daran erinnert zu werden, um was für einen Menschen man sich kümmert.
Doch ein Würgereiz überkommt mich bei anderen Dingen. Und sie müssen nicht einmal greifbar sein.
Stefanie wischte eine Frau ab, die ordentlich in die Hose gemacht hatte. »Bald gebe ich Ihnen keine Feigen mehr zu essen. Die Kerne kommen einfach so hinten wieder raus. Die springen mir ja ins Gesicht!«
Ich stelle es mir schlimm vor, im Bett zu liegen, gewickelt zu werden, und mir anhören zu müssen, in welcher Form die Feigen hinten wieder rauskommen.
Nicht die Feigenkerne waren das Ekelhafte an dieser Situation.

Morgens saß ich mit Gülay und Johanna im Wohnzimmer. Wir unterhielten uns. Über Wunden. Über den »Mund« von Frau Bach: die tiefe Wunde an ihrer Schulter.
»Das ist voll eklig«, sagte Johanna.
Gülay bemerkte, wie ich leicht das Gesicht verzog. »Komm schon, Flo«, bestätigte sie, »anders kann man das nicht mehr nennen.«
»Ich finde es nicht eklig«, erwiderte ich.
»Das kannst du uns nicht erzählen«, meinte Gülay. »Da hört es doch einfach auf.«
»Ey, ja«, begann Johanna, »ich hab mal was gehört – hast du das auch gehört, Gülay? Mit den Fliegen im Gesicht?« Gülay nickte und verzog ihrerseits das Gesicht. »Also«, wandte sich Johanna mir zu, »mir hat

eine Schwester erzählt: Hier war mal eine Frau, die hatte eine Gesichtshälfte quasi aufgerissen. Eine riesige Wunde. Und voll vereitert. Und als es warm wurde, nisteten da die Fliegen drin. Als sie ihr den Verband wechseln wollten, purzelten Maden raus.«
»Na, Flo«, drängte Gülay, »gib's zu: Das ist ekelhaft.«

Ekel. Wenn mich Ekel befällt, dann will ich weg und nichts damit zu tun haben. Würde man mir einen Tierkadaver mit abgezogener Haut vor die Füße legen – da würde ich mich wahrscheinlich ekeln. Ich würde weggehen.
Aber von diesen Menschen will ich nicht weg. Ich will etwas mit ihnen zu tun haben. Und ihre Wunden gehören zu ihnen. Sind ein Teil von ihnen. Das ist schlimm.

11. Oktober

Frau Bach bekam ihre Medikamente.

Sie lugte in das Becherchen. »Das sind ja noch drei Stück!«

»Ja, Frau Bach, Sie haben schließlich bis jetzt noch keine genommen!«, antwortete die Schwester.

Lange betrachtete Frau Bach die Tabletten, nippte an ihrem Multivitaminsaft ... »Das sind ja noch drei Stück!«

»Ja, Frau Bach, Sie sind gerade erst aufgewacht. Da müssen Sie Ihre Morgendosis noch nehmen.«

»Entschuldigen Sie, ich bin noch nicht ganz bei mir.«

Stille. Langsam nahm Frau Bach die erste Tablette, legte

sie in den Mund und schlürfte etwas Saft aus der Schnabeltasse. Sie winkte mit dem Finger. »Stellen Sie mal hin!«

Ich wollte die Tasse auf ihren Nachttisch stellen.

»Was machen Sie denn da?«, fragte sie ungehalten. Daraufhin schob ich den Nachttisch näher an ihr Bett. »Aha. Was war daran so schwer?«

»Ich hatte Sie nur missverstanden.«

»Ja, da muss man doch kein Heckmeck draus machen.«

Stille.

»Da sind ja noch immer drei Stück!«

»Nein«, sagte ich. »Das sind zwei.«

»Zwei? Ich sehe schon doppelt. Entschuldigen Sie, ich muss erst richtig wach werden.«

Stille. Sie nahm die nächste Tablette und würgte sie mit etwas Saft herunter.

»Da ist ja immer noch eine!«

12. Oktober

Im Wohnzimmer saß Frau Guerreri. Neben ihr Gülay, die sie füttern sollte. Kein Wort wurde gewechselt, Frau Guerreri reagierte kaum. Man hörte in der Küche das Geschirr klappern. Was man ihr anreichte, spuckte sie meist wieder aus. Sie starrte ins Nirgendwo. Auch als ich sie ansprach: keine Reaktion.

Dann betraten ihre Geschwister den Raum. »Hallo, Helga!«, riefen sie.

Sie drehte den Kopf. Sie lachte, sie redete. Plötzlich war sie wieder da.

Zusammen mit Schwester Christine machte ich Frau Guerreri bettfertig. Sie reagierte auf nichts, was wir sagten. Sie starrte nur, manchmal etwas lächelnd, an die Decke. Intimpflege, Rücken eincremen, lagern.

Christine sagte: »Gute Nacht, Frau Guerreri!«

Sie reagierte nicht. Starrte weiter an die Decke.

Dann drückte ich zum Abschied ihre Hand und sagte laut: »Schlafen Sie gut!«

Plötzlich war sie da. Sie blickte mich an. Sie lachte. »Sie auch. Schlafen Sie gut!«, antwortete sie. Und zwinkerte mir schelmisch zu.

14. Oktober

Heute steht zwar der Spätdienst an, doch ich bin schon früher hingefahren und habe bei Frau Gabriel geklopft.

»Flo! Komm rein!«

Sie saß am Tisch, las ihren Dostojewski, und ich setzte mich zu ihr. Wir redeten.

»Und? Wie läuft's? Hast du jemanden?«, fragte sie.

»Nee. Gestern Abend habe ich eine E-Mail bekommen, von einem Jürgen. Ich kenne den Namen, aber ich komme einfach nicht drauf, wer er ist.«

»Vielleicht der junge Mann, der gestern bei uns saß?«

»Nein, das ist Nils, ein Azubi.«

»Von dem willst du aber nichts, oder?«

»Nein, um Gottes willen! Keine Sorge, der ist wirklich nicht mein Fall.«

»Lass dich nicht zu schnell zu etwas hinreißen ...«

»Wie meinen Sie das?«, fragte ich.

»Ich möchte nicht, dass du mit einem Dahergelaufenen zusammenkommst.«

»Seien Sie mal ganz unbesorgt.«

»Nimmst du eigentlich die Pille? Du weißt schon, dass das beim ersten Mal etwas wehtut?«

So ging es weiter. Ich redete mit Frau Gabriel über Sex.

Doch zwischendurch warf sie ein: »Sag keinem, dass ich mit dir darüber rede!«

»Sie dürfen mit mir darüber reden«, antwortete ich. »Aber ich nicht mit Ihnen. Über diese Dinge soll man nicht mit einem … Gast sprechen.«

»Mit einem *Todkranken,* bleiben wir bei der Wahrheit. So haben sie's dir gesagt. Oder?« Sie lachte ihr Hexenlachen.

2

15. Oktober

Ich habe gerade eine besondere Situation erlebt. Tote habe ich schon gesehen, schon einige. Doch gerade …

Es klingelte. Zimmer 5 wurde auf dem Piepser angezeigt. Sofort stand ich auf. Ich wollte dahin. Ich wusste es irgendwie.

Ich trat ins Zimmer. Herr Guerreri saß neben seiner Tochter am Bett und sah mich an, mit einem unbeschreiblichen Gesichtsausdruck. So eine tiefe Trauer, die sich in einer völligen Bewegungslosigkeit niederschlug. Er hielt die Hand seiner Tochter und betrachtete sie fassungslos. Nein, fassungslos ist das falsche Wort. Schließlich wartete er mit ihr zusammen schon seit langer Zeit auf ihren Tod. Es war eine bestimmte Art der Fassungslosigkeit, für die es leider (oder zum Glück?) kein Wort gibt. Ich stellte mich neben das Bett. Sie hat Atempausen, dachte ich. Sie gehört zu denen, die lange Atempausen haben.

Doch das Atmen, das ich hörte, kam nur von ihm, ihr Betttuch bewegte sich nicht, der Brustkorb lag still. Und man sah es. Auch das ist falsch: Ich sah es nicht. Ich spürte es. Es war eine Stille im Zimmer … Ja, zum ersten Mal hatte ich dieses Gefühl: Es fehlt etwas.

Ich weine, während ich das schreibe.

Ich trat neben sie, legte meine Hand auf ihren Arm und sah sie an. Ich hielt mich nicht lange bei ihr auf. Ich stand vielleicht zwanzig Sekunden an diesem Bett.

Es gibt ein großes und doch ganz alltägliches
Geheimnis: die Zeit.
Es gibt Kalender und Uhren, um sie zu messen,
aber das will wenig besagen, denn jeder weiß,
dass einem eine einzige Stunde wie eine Ewigkeit
vorkommen kann, mitunter kann sie aber auch
wie ein Augenblick vergehen – je nachdem,
was man in dieser Stunde erlebt.
Denn Zeit ist Leben.

(Michael Ende, »Momo«)

Er sah sie an. Er war weg. Er war mit ihr mitgegangen. Für kurze Zeit.

16. Oktober

Ich habe Frau Guerreri gestern nicht zum letzten Mal gesehen. Heute wurde sie abgeholt. Johanna und ich begleiteten die Sargträger zum Zimmer, keine der Schwestern hatte Zeit.

Frau Guerreri wurde in den Sarg gehoben. Jetzt liegt sie in einer hellen, mit Rosen beschnitzten Schatzkiste, auf einem weichen Kopfkissen, umgeben von weißem Stoff.

»Ein schöner Sarg«, sagte ich zu Johanna.

»Schön? Es gibt keine schönen Särge!«

Ich lugte ins Nachbarzimmer. Herr Krause stöhnte. Ich trat ans Bett und nahm seine Hand.

»Ich kann nicht mehr. Ich kann nicht mehr«, röchelte er leise.

»Möchten Sie eine Schmerztablette? Kann ich irgendwie helfen?«

»Du kannst mir nicht helfen, Mädchen. Du kannst mir nicht helfen.«

Er streichelte meine Hand. Und zog sie zu sich heran. Er küsste sie. Schnell drückte er einen festen Kuss nach dem anderen auf meinen Handrücken. Erst als ich seine Zunge spürte, zog ich die Hand zurück.

18. Oktober

»Wir ziehen Ihnen mal eine andere Bluse an, Frau Prussig«, beschloss Schwester Stefanie. »Hier sind ja Flecken drauf!«

Mühselig friemelten wir sie in ein neues Oberteil.

»Wo soll das denn gewaschen werden?«, fragte Stefanie.

»Was?«

»Wo soll das gewaschen werden? Bei uns oder bei Ihnen zu Hause?«

»Wie bitte? Etwas lauter!«

»Hören Sie mich jetzt?«, brüllte Stefanie.

»JA!«, brüllte Frau Prussig.

»Also, wo soll diese Bluse gewaschen werden? Hier? Oder nimmt Ihre Schwiegertochter sie mit?«

»Die ist bügelfrei!«

19. Oktober

»Florentine, geh bitte auf die 3! Stefanie braucht dich!«

Zum ersten Mal betrat ich Frau Mackes Zimmer.

»Ich habe Sie vermisst!«, begrüßte mich Frau Macke.

»Ich bin schon fertig. Hab nur das Nötigste gemacht, hier ist vielleicht was los!«, sagte Stefanie und eilte zum nächsten Zimmer. Ich setzte mich neben Frau Macke.

»Sie sind ein liebes Mädchen!« Sie streichelte mich.

»Morgen habe ich Frühdienst.«

»Ach, dann können Sie mir ein richtig schönes Frühstück bringen!«

»Wie lange schlafen Sie denn?«

Es wurde still. Sie sah mich fassungslos an. »Schlafen? Denkst du etwa, ich schlafe noch?«

»Nicht?«, fragte ich erschrocken.

»Ich habe schon ewig nicht mehr geschlafen. Wenn einem die Kraft gebricht … dann ist da nichts mehr.«

Sie weinte. Ich nahm ihre Hand, hielt sie fest. Ich war ihrem Gesicht sehr nah. So nah, dass die Falten plötzlich verschwanden. Die eingefallenen Augen traten hervor. Ich sah eine junge Frau. Und erst, als Tränen mühselig aus den trockenen Augen tropften, wurde sie wieder zu einer alten, traurigen Frau.

Zehn Minuten stand ich an ihrem Bett, hielt ihre Hand, streichelte sie und schwieg.

Und als ich hinausging, entfuhr mir die Floskel »Gute Nacht. Schlafen Sie gut«, für die ich mich eine Sekunde später hätte ohrfeigen können.

20. Oktober

Frau Stöckl stand orientierungslos im Bademantel auf dem Flur und hielt sich am Geländer fest.

»Ich habe nichts zu tun«, sagte sie mit Tränen in den Augen. »Den ganzen Tag liege ich nur da. Es ist alles so sinnlos. Ich will zu Papa. Da kann ich etwas machen. Da kann ich helfen.«

»Glauben Sie, das könnten Sie überhaupt noch?«, fragte ich behutsam, um sie vorsichtig auf den Boden der Tatsachen zurückzuholen.

Sie lachte müde. »Ja, man meint, man könnte noch. Aber dann ist es anders …«

Sie ging auf ihr Zimmer, zog sich an und tat, was sie immer tut. Sie ging spazieren. Rund um den Park. Den ganzen Tag.

Wie dankbar war ich, als Frau Keun ihr anbot, einen gemeinsamen Spaziergang zu machen. Frau Keun war früher die Nachbarin von Frau Vogel, die schon seit einigen Monaten im Hospiz lebt; sie besucht ihre alte Freundin immer wieder. Ich habe mich für Frau Stöckl gefreut. Ich wusste, dieser kleine gemeinsame Gang war ein großes Geschenk.

21. Oktober

Eine 70-jährige Frau lag mit offenen Augen in ihrem Bett und erschrak etwas, als ich zu ihr kam. Ich stellte mich vor und ihr die Frage, wegen der ich geschickt worden war: »Frau Koch, haben Sie Lust, etwas zu essen?«

»Ich bin krank«, antwortete sie.

»Gerade deshalb täte es Ihnen sicher gut.«

»Ich bin doch gerade erst aus dem Krankenhaus gekommen.« Ich merkte, was sie dachte. Aber sie war nicht zu Hause.

»Sie sind hier in einem Hotel.«

»In einem Hotel?«, sagte sie verblüfft. »Ach ... das wusste ich ja gar nicht. Und wo ist meine Nichte?«

Ihre Nichte: Sie hatte ihr erzählt, sie läge in einem Hotel. Und sie hat den Schwestern untersagt, ihr die Wahrheit mitzuteilen.

Wenn ein Gast schläft, lassen wir ihn schlafen. Bei den meisten kann man für jede Ruhesekunde dankbar sein. Um spätestens neun Uhr rüttelt die Nichte ihre Tante wach. Dann steht schließlich jeder normale Mensch auf. Normale Menschen brauchen auch nicht lange zum Wachwerden. Also zwingt sie sie eine Stunde später schon in den Rollstuhl. Sie soll normal essen. Sie soll, soll, soll. Weil das doch alle so tun.

Ein Ei zum Frühstück? Nein danke! Nur vegane Speisen.

»Der Kosmos straft uns mit dem Tod, weil wir Tiere essen«, hauchte sie mir zu, als sie in die Küche ging, um für ihre Tante eine Sonderbestellung aufzugeben. »Doch wenn wir die Schöpfung achten, bleiben wir verschont.«

»Ihre Nichte ist schon nach Hause gefahren, Frau Koch.«

»Nach Hause? Ja. Nach Hause«, fügte sie irritiert hinzu.

»Sie sind nicht zu Hause.«

»Wie viele Leute gibt es denn hier?«

»Wir haben zehn Gäste in unserem Haus.«

»Zehn Gäste.« Sie sah zum Fenster hinaus. »So viel.« Verträumt kaute sie an ihrer Unterlippe. »Zehn.« Sie schüttelte langsam den Kopf. »So viele Menschen.« Ein

Zahn stand hervor. »Sie haben zehn Gäste.« Ihre Hände kneteten die Bettdecke. »Das sind ja einige.« Verdutztes Kichern. »So viele Gäste haben Sie.«

Sie streckte so gut es ging ihre Hand nach mir aus. »Ein schönes Mädchen sind Sie. Wieso hat meine Nichte Sie mir denn noch nicht vorgestellt?«

Es gelang mir, sie dazu zu bewegen, einen Joghurt zu essen. Löffelchen für Löffelchen. Sie fragte mich aus. Abschluss, Beruf, Familie. Es ist schön, von den Gästen gefragt zu werden. Und nicht nur Fragen zu stellen.

Als ich den Raum verließ, sah ich Frau Stöckl ihr Zimmer suchen. Ich nahm sie an der Hand.

»Sie gehen in die falsche Richtung. Kommen Sie, ich zeige Ihnen den Weg.«

Ihr Pulli war zwar lang, doch sie hatte keine Hose an und ich wusste, dass sie untenrum nackt war.

»Wo ist Papa? Ich muss doch blättern.«

Diese Sätze habe ich schon einige Male von ihr gehört. Aber was bedeuten sie?

Wie hart müssen die Wintermonate für sie werden. Sie, die sich die scheinbar sinnlose Zeit nur mit endlosem Im-Kreis-Gehen im Park vertreibt. Immer schenkt sie mir ein Lächeln, doch sie hat ein unendlich trauriges Gesicht. Sie ist allein. Sie ist am Ende.

Sie zog mich zu sich heran, umarmte mich und strich mir über die Wange. »Sie sind so ein braves Mädchen. Hoffentlich kriegen Sie bald einen Freund. Einen braven Freund. Einen, der zu Ihnen passt. Haben Sie Ihre Eltern noch?«

»Ja, beide.«

»Das haben Sie auch verdient.«

Ich deckte sie zu. »Gute Nacht, Frau Stöckl.«

»Gute Nacht, mein Schatz.«

23. Oktober

Ich darf nichts für die Gäste tun. Einmal Essen bringen. Ansonsten traut Marga mir nichts zu.

Als ich einmal lediglich einen Urinbeutel leeren wollte, bekam ich zu hören: »Kannst du das denn schon?«

Knöpfchen auf, Pipi raus, Knöpfchen zu.

Dann galt es, Herrn Krause hochzuziehen.

»Glaubst du, du schaffst das mit mir zusammen?«

Es handelt sich um Dinge, die man in der ersten Woche lernt.

Ich war also in Küche und Waschküche unterwegs. Es ist unerträglich, wenn eine Schwester sorgenvollen Blickes gestresst vorbeiläuft, weil sie so viele Menschen versorgen muss. Und ich stehe da, habe nichts zu tun. Ich muss aber etwas zu tun haben.

»Wollen Sie sich nicht zu mir setzen?«, fragte Frau Stöckl bittend und strich mir übers Gesicht. Ich hätte Zeit gehabt. Aber ich durfte nicht, ich musste sinnlos herumrennen, Tellerchen in die Geschirrspülmaschine räumen, statt mich für fünf Minuten zu Frau Stöckl zu setzen.

»Wo ist denn Papa?«, rief sie mir hinterher. »Ich muss doch blättern.«

25. Oktober

Ich sah Frau Stöckl zur Tür hinausgehen. Ich lief zu ihr.

»Begleiten Sie mich ein Stück?«, fragte sie.

Ich ging mit ihr in den Park, schließlich setzten wir uns auf eine Bank unter einer großen, alten Eiche. Sie erzählte von ihren Eltern.

»Meine Mutter ist sehr streng. Aber mein Vater, der ist so gutmütig. Ein so lieber Mensch. Und er kann so schön spielen.« Sie gluckste: »Obwohl – ohne mich wäre es nicht so einfach für ihn.«

»Wie meinen Sie das?«, hakte ich nach.

»Na, irgendwer muss doch blättern, wenn er spielt.«

»Was spielt er denn?«

»Orgel. Kirchenorgel. Das macht immer mein Papa.« Zum ersten Mal sah ich sie aufrecht sitzen. Sie strahlte mich an. »Wissen Sie, wie das geht, Orgel spielen?«

»Ich kann Klavier spielen …«

»Ja, sehen Sie: Da spielt man manchmal sehr schnell. Aber man muss im Notenheft blättern. Und dafür haben Sie nicht immer eine Hand frei, oder? Was machen Sie denn dann?«

»Dann klingt es etwas abgehackt«, gab ich zu.

»Das ist schon ärgerlich, oder?«, sagte Frau Stöckl mitfühlend. »Zu Hause geht das ja noch. Aber bei der heiligen Messe, da kann man doch nicht mitten im Stück unterbrechen! Da muss jemand danebenstehen und blättern. Das war immer meine Aufgabe.« Sie lächelte ihr müdes Lächeln. »Das würde ich gerne noch mal machen.«

28. Oktober

Ich habe ein Zimmer desinfiziert. Wurde auch mal wieder Zeit. Doch gerade weil es mir so leichtfiel, musste ich an Frau Lieblich denken. Wie ich es nicht schaffte, ihr Zimmer aufzuräumen. Ich denke oft an sie. Sie wird für mich immer einer der wichtigsten Menschen in diesem FSJ sein.

Ich erinnere mich, wie mir einige Menschen sagten, ich würde »sofort ins kalte Wasser springen«. Das stimmt nicht. Frau Lieblich war der beste, einfachste Anfang, der mir passieren konnte. Bei vielen Menschen ist es nicht leicht herauszufinden, wie man ihnen helfen, wirklich helfen kann. Was zu viel, was zu wenig ist. Bei Frau Lieblich war es offensichtlich: Man musste ihr nur die Hand geben. Ich habe seitdem keinen Sterbenden erlebt, dessen Bedürfnis so offensichtlich und so simpel war. Deshalb war sie kein Sprung ins kalte Wasser. Sie war der einfachste, dankbarste Gast, den ich bisher erlebt habe. Vielleicht sehne ich mich ein bisschen danach. Im Moment gibt es vor allem Damen, die pünktlich ihren Tee und ihre Zeitung brauchen. Mit solchen »wachen« Menschen, die noch ganz normale, manchmal recht kleinkarierte Bedürfnisse haben, verbringe ich natürlich nicht Augenblicke wie mit Frau Lieblich. Sie war ein Mensch, bei dem klar war: Man kann ihr helfen.

Frau Stöckl saß vor der Tür.

»Wenn du mit mir spazieren gehst, wird dir das auch als Dienst angerechnet?«

»Nein, leider nicht.«

»Schade. Ich würde gerne mal wieder zu einer Orgel. Da

muss doch jemand blättern. Und ich bin ja nur vorübergehend hier. Würdest du da mitkommen? Dann kannst du mal hören, wie mein Papa spielt.«

nebenbei

Angst

Auf Zimmer 1 liegt seit ein paar Tagen Frau Hagen. Sie macht einen ungeheuren Eindruck auf mich. Obwohl sie gar nichts macht.
Ich werde zum Anreichen des Essens abgestellt. Sie ist völlig unbeweglich. Auch ihre Arme muss man wie die einer Puppe in die Jacke friemeln.
Sie sitzt im Rollstuhl. Ich habe noch keinen Gast getroffen, der so wenig tut. Die meisten stöhnen, drehen sich, versuchen sich zu bewegen. Sie ist starr. Nur ihre Augen; die stehen nonstop offen. Und sie betrachtet alle Menschen mit einer unbeschreiblichen Angst. Sie lässt sich das Essen anreichen. Sie weint leise. Spricht unter großer Mühe wenige Worte. Ich glaube heute gesehen zu haben, wie sie versuchte zu lächeln; es misslang. Sie nickt oder schüttelt den Kopf. Von den wenigen Reaktionen her, die sie noch geben kann: eine zutrauliche Person.
Wenn nur die Augen nicht wären.

Angst ist ein großes Thema. Natürlich, jeder hat Angst vor dem Tod. Die Menschen weinen. Aber es gibt noch diese andere Angst; die Angst vor den Mitmenschen.

»Was ist denn das?«, wollte Frau Prussig wissen.
»Das ist ein Brot mit Käse. Möchten Sie etwas davon?«
Stille.
»Man müsste mal aufschreiben, was ihr einem vorsetzt.«
»Sie haben Angst, Frau Prussig.«
»Ja.« Sie weinte. »Da kann man ja Gift und so …«
Frau Prussig öffnete den Mund nicht, um zu essen. Sie redete nur.
»Haben Sie keinen Hunger?«, fragte ich.
»Doch, Hunger habe ich schon.«
»Warum essen Sie dann nicht?«
»Ich weiß ja nicht, was ihr mir da vorsetzt.«
Auch die Medizin nahm sie nicht.
»Tropfen … Was für Tropfen sind denn das? Das kann ja irgendwas sein.«

Wir Pfleger sind eine Angst von vielen. Denn wir sind normale Menschen, die Sympathien und Abneigungen entwickeln. Wir können launisch sein. Und das Schlimme: Sie sind uns gnadenlos ausgeliefert.

Frau Bach beäugte ihre Tabletten:
»Was ist das da?«
»Die braune? Die ist gegen Juckreiz, hilft 24 Stunden lang.«
Frau Bach lachte bitter. »Wenn das mal stimmt.«
Schließlich nahm sie die Tablette, schluckte sie mit vor Ekel verzerrter Miene herunter und ließ sich zurück in ihr Kissen fallen.
»So, Frau Bach, jetzt machen wir Sie mal etwas frisch.«

»Was? Was wollen Sie? Was machen Sie denn jetzt?«, rief sie panisch.

Die Angst vor den Menschen ist die kleine Schwester der Todesangst.

2. November

Die Spiele wurden ihnen von Aufsichtspersonen vorgeschrieben, und es waren nur solche, bei denen sie irgendetwas Nützliches lernten.

(Michael Ende, »Momo«)

Wer ein Freiwilliges Soziales Jahr macht, muss auch an fünf einwöchigen Seminaren teilnehmen. Es gibt kein Entrinnen.

Als ich im Seminargebäude ankam, stand ein Großteil der Gruppe schon im Garten.

»Melissa mit dem Mantel, Gloria mit dem Gürtel, Anna mit dem Apfel ... äh ... Jana mit der Jacke.«

Nein, dies war kein Aufbautraining für Lernbehinderte. Zwanzig Mädchen standen im Kreis. Jedes hielt einen Gegenstand in der Hand. Und reihum versuchten die armen Ausgelieferten, mithilfe von Äpfelchen und Jäckchen ihre Mitmenschen kennenzulernen. Gott sei Dank kam ich zu spät. Ich musste es mir nur ein paar Minuten lang ansehen.

Drei Mädchen schälten sich aus der Gruppe und entpuppten sich als die »Teamerinnen«. Sie führten uns in einen Seminarraum, der liebevoll mit bunten Zetteln, von denen uns Sonnen und Smileys entgegenlachten, ausgeschildert war. Auch beim Stuhlkreis überkam mich das Gefühl, angekommen zu sein. Auf jedem Stuhl lag eine Rose. Dieses Willkommensgeschenk bewahrten die meisten dankbar auf. Ich zerrupfte sie.

Auf dem Boden lagen Luftballons.

»Jetzt pustet jeder einen Ballon auf und schreibt seinen Namen drauf.«

Was dann? Luftballons in die Luft werfen und versuchen, andere zu fangen. Dann gucken: Wessen Name steht auf dem Ballon, den ich ergattert habe? Und den Träger dieses Namens suchen. So lernen wir uns gegenseitig kennen.

Ich konnte den Spielregeln einfach nicht Folge leisten. Ich warf meinen Ballon in die Menge. Mit dem Namen: *Chantal.*

Ein großes Rätseln begann. Immer wieder stand eine einsame FSJlerin im Raum, die verzweifelt nach einer Chantal Ausschau hielt.

»Bist du Chantal?«

»Ich? Nein, ich bin Florentine.«

Als die Teamerin schließlich den Ballon in Händen hielt und drohenden Blickes in die Runde fragte: »Wer war das?«, gestand ich meine Schuld ein. Sinn für Humor hat sie nicht.

Wir lernten, was wir in der Woche lernen würden. Wir erfuhren Regeln: »Wer kocht, räumt auch auf.«

Dann wurde es lustig. Und spannend! Jeder sollte einen gelben Zettel ziehen. Aber nicht den anderen zeigen. Das war ja der Witz an der Sache. Ich las: *KUH.*

»So, jetzt macht jeder das Geräusch von dem Tier, das auf dem Zettel steht. Und so findet ihr euch zusammen.«

Es hob ein vielstimmiges Gackern, Grunzen, Muhen, Mähen und Wiehern an. Ich blieb versteinert auf meinem Stuhl sitzen. Wozu das Ganze? Um Kochgruppen einzuteilen. Logo! Jeden Tag muss eine Gruppe, in meinem Falle die Kühe, einkaufen, kochen und abspülen. Der Knaller dabei: Wir müssen uns selbst organisieren. So werden wichtige soziale Kompetenzen gefördert. Außerdem lernt man, Stärken und Schwächen der Mitmenschen zu akzeptieren. Ich werde als völlig neuer Mensch aus dieser Woche hervorgehen.

Die Zettel sollten wir wieder abgeben. Ich steckte meinen ein. Als Corpus Delicti.

Dann erfuhren wir, was Coaches sind. Schon wieder ging es ans Zettelziehen. Mit Nummern drauf. Es entstanden Paare.

»Der Coach ist für euch zuständig. Ihr passt aufeinander auf. Ihr lernt euch genau kennen: Jeder bekommt einen Steckbrief, den ihr gegenseitig ausfüllt. Außerdem könnt ihr euch gerne Geschenke machen.«

Es ging noch brutaler: Man drückte uns DIN-A4-Umschläge und Buntstifte in die Hand.

»Da malt ihr euren Namen drauf. Seid kreativ! Ihr dürft gerne Bilder dazu malen. Und dann hängt ihr den Umschlag an die Zimmertür. Da könnt ihr euch gegenseitig Geschenke reinstecken. Und wer weiß: Vielleicht liegt auch mal etwas von uns drin …«, sagte die Leiterin.

Abends um halb neun durften wir endlich wieder spielen. Im Seminarraum lasen wir uns die Steckbriefe vor. Dann mussten wir uns nach Namen sortieren, nach Alter, Geburtsort, Schuhgrößen. Eine halbe Stunde lang wuselten wir im Raum herum. Schließlich ordneten wir uns nach

Einsatzstellen. Der größte Teil ist bei Behinderten und psychisch Kranken. Meine Gruppe bestand aus mir. Beim Wort *Hospiz* wurden die Augen aufgerissen:

»Ich könnte das nicht.«

»Wie hältst du das aus?«

Nun ist es vorbei. Ich gehe ins Bett. Warum, oh Herr? Mir Jungpädagogen vor die Nase zu knallen, bei denen alles einen durchschaubaren Grund hat.

An meiner Tür hängt kein Umschlag.

3. November

Wir werden für dumm verkauft.

»Wup« stand auf dem Programm; ein lockeres Wort für Warming-up. Wir stellten uns in einen Kreis. Wir warfen uns Kissen zu. Dadurch wurden wir wach und neugierig darauf, was uns wohl an diesem Tag erwarten würde. Dann warfen wir uns Bälle zu, um unsere Namen zu lernen. Dann sagte Lilith, wie toll wir das gemacht hätten. Dadurch wuchs die Gruppe zusammen. Ein Pfeil wurde herumgereicht, mit dessen Hilfe jeder zeigen konnte, wie es ihm ging. Allen ging es prima.

Wir gingen in den Seminarraum. Man drückte uns bunte Zettelchen in die Hand. Eine halbe Stunde lang durften wir in Partnerarbeit Wünsche, Erwartungen und Befürchtungen aufschreiben. Dann stellten sich die Gruppen an die große Pinnwand und pappten die Zettel dran, jedes Wort erläuternd. Das nahm gut 90 Minuten in Anspruch.

90 Minuten lang fielen dieselben Worte: »Wir hatten Angst vor Zickenterror, bevor wir herkamen. Aber hier

sind alle voll nett. Wir wollen ins Seminar integriert werden und selbst etwas dazu beitragen können. Wir wollen Gruppenarbeit. Wir hatten auch Angst, dass die Teamerinnen zu alt sind.«

Die Teamerinnen nickten zufrieden. Schließlich waren sie nicht alt und schrullig und würden die Kinder voll mit einbringen.

Leicht schockierte Blicke waren denn dann auch die Antwort auf meine Befürchtung: »Ich hatte Angst, dass die Teamerinnen zu jung sind. Ich befürchte, dass hier nur sinnloses Gelaber stattfindet.«

Lilith versicherte: »Ihr werdet auf den Seminaren wichtige Dinge lernen, zum Beispiel Konfliktmanagement.«

Uah!

Ich habe noch nie so oft das Wort *Gruppe* gehört. »Alle sollen zusammenhalten, niemand soll sich verkriechen.« Man hat eine sich liebende Gemeinschaft zu sein. Ich denke, bald wird sich die Tür öffnen: »Florentine, komm doch zu uns.« Wer alleine ist, der hat sich nicht wohlzufühlen. Und wer ein guter Mensch sein will, muss dafür sorgen, dass niemand alleine ist.

Jede sollte einen Button aus einer Tüte ziehen. Da stand eine Aufgabe drauf. Natürlich originell umschrieben. Umweltminister, Leuchtturm, Schutzengel … Ich bin der Klimaschützer. Jetzt soll ich mit diesem Button am T-Shirt rumlaufen und darauf achten, dass Heizungen und Lampen ausgeschaltet werden. So lerne ich, Verantwortung zu übernehmen.

In meinem Hospiz liegen alte Frauen. Die haben als 20-Jährige ihre kleinen Geschwister, eigene Kinder aufgezogen, den ganzen Haushalt geschmissen … Fünfzig Jahre später können wir plötzlich nichts mehr? Lernt eine junge

Frau erst mal zusammen mit fünf anderen die Küche aufzuräumen? Schmeißen wir uns Bälle zu?

19:30 Uhr.

»Wir machen das Wup-Spiel *Prinzesschen und Bär*. Eine ist das Prinzesschen, die andere der Bär. Das Prinzesschen muss kreischend weglaufen, der Bär sie laut brummend verfolgen.« Was folgte, ist zu einzigartig, um niedergeschrieben zu werden. Danach fielen genau die Sätze, die Pädagogen hören wollen: »Alleine wäre das voll peinlich, aber mit der Gruppe war es richtig lustig.«

So haben es Tausende von Ratgebern vorgesehen.

Die meisten nutzen ihr FSJ zur Überbrückung. Bis zum Studium, zur Ausbildung. Für die ist es Arbeit. Und es ist schick, Arbeit lästig zu finden. Alle coolen Erwachsenen schmeißen sich abends stöhnend aufs Sofa und leiden.

Ich habe Sehnsucht nach dem Hospiz. Nach den Gästen.

Für viele andere ist das hier Urlaub.

4. November

»Bringt Schlafanzüge und Decken mit«, sagte Lilith beim Frühstück.

»Machen wir etwa autogenes Training?«, vermutete ich.

»So was Ähnliches. Eine Traumreise.«

Doch als wir im Seminarraum gemütlich auf den Matratzen lagen, geschah zunächst etwas anderes. Die »Austauschrunde«, wie es genannt wird. Wie gestern früh sollte jeder seine Stimmung kundtun. Aber nicht mit einem Pfeil, nein! Diesmal bekamen wir Brillen. Zwei Pappbrillen wurden herumgereicht. Eine grüne für gute, eine blaue für schlechte Stimmung. Jedes Mädchen setzte die grüne auf und redete vom guten Frühstück.

Als ich die beiden originellen Requisiten in die Hand bekam, ließ ich meiner Meinung freien Lauf. Ich setzte die blaue Brille auf und verkündete: »Mir geht es scheiße, weil ich mir allmählich durch Brillen und Prinzesschen verarscht vorkomme.«

Stille.

»Wieso verarscht?«, fragte Lilith.

»Wir machen hier Kinderkram. Wir sind junge Erwachsene. Das brauchen wir nicht mehr. Ich glaube, ich hätte in einer Woche Arbeit mehr gelernt, als auf diesem Seminar.«

Alle Mädchen sahen mich entsetzt an.

»Hier lernt man auch was. Zusammenarbeiten und so«, sagte Lilith. »Da lernt man mal neue Leute kennen.«

»Das ist mal was anderes«, fielen die anderen ein.

Aus dem Nebenzimmer höre ich: »Wo schläft die denn?«

»Ey, das ist doch scheißegal; ich bin auch 22, ich finde die Spiele trotzdem lustig. Es geht doch um …« Langer Meinungsaustausch über Teamwork. Auch auf dem Hof wurde laut diskutiert.

Kurz bevor es hinaus zum Spielen ging, klopfte es an die Tür. Ein Mädchen kam rein. »Kann ich mal mit dir reden?« Sie rechtfertigte sich und den Rest der Belegschaft enthusiastisch.

Schließlich wurde mir etwas klar. »Ich habe nichts gegen euch gesagt«, unterbrach ich sie. »Ich habe etwas gegen das Konzept, nicht gegen euch. Ich finde es lediglich lächerlich, dass junge Erwachsene wie Kinder behandelt werden.«

»Ja, aber …« Sie redete, bis wir gehen mussten.

Die Gruppe fühlt sich beleidigt, weil ich nicht das Bedürfnis habe, dazuzugehören. Man könnte es als »primitives Rudelverhalten« beschreiben. Wenn man gemein wäre. Das bin ich natürlich nicht. Ich nenne es »prähistorische Gruppenregeln«. Klingt etwas schmeichelhafter.

Später kam ein Mädchen, um mir zu sagen, dass es Essen gibt. Sie blieb im Zimmer. Bot mir ein Bonbon an. Ich nahm es.

»Na, fühlst du dich jetzt etwas wohler hier?«

5. November

Heute sollte meine Gruppe besprechen, was ökologisches Lernen ist und wie es im Seminar umgesetzt wird. Ganz einfach! Man sagt uns: »Macht die Lampen aus. Trennt Müll. Kauft Saisonprodukte.« Umwerfend.

Wir sollten in der Natur nach einem Logo für unseren Bereich suchen. Ich riss nebenbei ein Blatt vom Baum …

»Florentine, nicht! Das ist nicht ökologisch!«

Ich biss in eine Haselnuss …

»Bah! Guten Appetit!«

Berührung ist wichtig für ein Freundschaftsgefühl. Bevor wir uns alle an den Händen fassen sollten, wurde das Desinfektionsspray herumgereicht. Die Mädchen griffen hastig danach. Insgesamt über eine Stunde hüpften wir draußen herum. Todmüde war ich trotzdem. Wir gingen in den Seminarraum, um das nächste Seminar zu planen.

»Wir möchten lernen, wie man Distanz aufbaut«, sagte

ein Mädchen und pinnte seinen Zettel an die Wand. »Wie kann ich aus meiner Einsatzstelle gehen und für den Rest des Tages alles vergessen?«

»Ja«, fügte eine Zweite hinzu. »Wie macht man das, dass man nicht drüber nachdenkt, was man gesehen hat?«

6. November

Wir hielten Zettel in der Hand. Auf meinem stand: *Treppenhaus.* Also musste ich das Treppenhaus säubern. Das nennt sich »Putzparty«. Jede bekam ihre Aufgabe. Oft galt es, in Gruppen zu arbeiten. Davon wurde ich zum Glück verschont.

Von einigen Seiten hörte ich verständnisloses Brummen: »Die Putzfrauen haben doch vorhin gesagt, wir sollen nichts machen. Wieso sollen wir jetzt doch was machen?«

»Das nennt man Pädagogik«, sagte ich.

Die Rückfahrt trat ich zusammen mit Susanne an. Und da wir uns fernab von Seminargruppe 13 sehr gut verstehen, fragte ich sie schließlich: »Ich war doch sicher ein großes Gesprächsthema, oder?«

»Oh ja!«, antwortete sie.

»Und was hat man sich so erzählt?«

Nie und nimmer hätte ich damit gerechnet: »Ein stehender Begriff war ›die Florentine und ihre Zombiearmee‹.«

»Zombiearmee? Wieso?«

»Na, weil du in einem Hospiz arbeitest. Das ist allen unheimlich. Als du auch noch meintest, dass du in deiner Freizeit manchmal zu den Sterbenden gehst, spätestens da haben dich die anderen für völlig gestört gehalten.

Man hat sich Gruselgeschichten über dich erzählt. Deshalb warst du ja auch alleine auf einem Zimmer.«

»Ich dachte, das wäre ein glücklicher Zufall gewesen.«

»Nein; ein paar Mädchen haben sich in bereits volle Zimmer extra noch Matratzen gelegt, damit sie nicht mit dir zusammenwohnen müssen. Bei der Florentine mit ihrer Zombiearmee. Du giltst als herzlos. Als jemand, der auf Tote steht.«

7. November

Ich habe genau das erlebt, was ich auf dem Seminar vermisst habe.

Herrn Stern hatte ich als lallenden, abwesenden Mann in Erinnerung. So kommen fast alle Gäste hier an. Er hat sich erholt. Es ist noch immer schwer verständlich, was er sagt, doch er ist klarer geworden.

Ich pflegte ihn mit Schwester Christine. Er war ruhig, lächelte manchmal. Dann ging Christine. Ich gab ihm meine Hand. Er nahm sie. Und zog mich zu sich heran. Zum ersten Mal erlebte ich es, dass ein Gast Kraft hat. Mit starken Armen umarmte er mich. Ich ließ mich zu ihm herunter und drückte ihn ebenso fest. Legte meine Wange an seine. Ließ mir von ihm den Rücken streicheln. Es fühlte sich an wie die Umarmung eines kerngesunden Mannes.

Als ich mich wieder löste, ihn ansah ... da rollte eine Träne seine Wange hinab. Er streichelte meinen Arm, kraulte ihn. Wieder und wieder zog er mich zu sich heran. Und ich packte zu. Er weinte. In den gut fünf Minuten, die wir uns gegenseitig umarmten, fiel von ihm nur ein Satz: »Das tut gut.«

Nicht nur er hat sich verändert. Frau Stöckl sieht anders aus. Sie ist heute dreimal hingefallen. Selbst mit Rollator kann sie sich kaum auf den Beinen halten. Und sie ist traurig. So traurig.

»Ich habe alles falsch gemacht«, sagte sie, als Frau Keun weg war. Frau Stöckl legte den Kopf auf den Tisch und weinte.

»Das kann gar nicht stimmen«, war meine Antwort. »Wenn Sie alles falsch gemacht hätten, dann bekämen Sie keinen Besuch.«

»Die ist doch froh, wenn sie wieder gehen kann. Und wo ist eigentlich Papa?«

8. November

»Flo! Wo warst du so lange? Ich habe dich eine Ewigkeit nicht gesehen!« Frau Gabriel kam mit offenen Armen auf mich zu.

»Ich war auf einem Seminar.«

»Und da meldest du dich nicht ab?«

»Sie können mir glauben, ich wäre lieber …« Verdutzt hielt ich inne. Ich hatte gerade das Tablett auf den Tisch stellen wollen. Aber da saß ein Mann und beugte sich konzentriert über eine große Karte.

»Ich wollte euch schon letzte Woche miteinander bekannt machen«, sagte Frau Gabriel. »Erich! Florentine ist da.«

Der Mann löste sich von der Karte und stand auf.

»Flo, das ist mein Mann Erich.«

Ein dünner Herr mit wachen Augen nahm meine Hand und schüttelte sie kräftig. »Ich habe gehört, Sie spielen Backgammon«, sagte er.

»Na ja, ein bisschen. Ihre Frau hat mir vor Kurzem erst die Regeln beigebracht.«

»Gut, dann fordere ich Sie hiermit heraus.«

»Erich, mach halblang.« Frau Gabriel schüttelte grinsend den Kopf. »Flo hat sicher Arbeit.«

»Stimmt«, bestätigte ich. »Tut mir leid.«

»Kein Problem. Ein bisschen Zeit werden wir hoffentlich noch haben. Außerdem habe ich ohnehin zu tun.« Er nickte zum Tisch hinüber. »Wollen Sie mal schauen? Das ist ein Faksimile. Ein Nachdruck von einer Karte aus dem 18. Jahrhundert.«

Er präsentierte mir stolz das große Blatt.

»Historische Kartografie«, erklärte Frau Gabriel.

»Ist das Ihr Hobby?«, fragte ich.

»Hobby?« Herr Gabriel sah mich gespielt beleidigt an. »Ich habe studiert!«

»Und was haben Sie beruflich gemacht?«

»Für Museen gearbeitet. Ein paar Buchprojekte hab ich auch unterstützt. Gefällt sie Ihnen?« Er strich liebevoll über die Karte.

»Ja, sehr. Ich habe mir so etwas noch nie angeguckt.« Es klingelte. »Ich muss gehen.«

»Kommen Sie mal, wenn Sie Zeit haben!«, rief er mir hinterher. »Dann zeige ich Ihnen noch mehr Karten.«

10. November

Es war ein ruhiger Tag. Die Stimmung im Hospiz hat sich geändert. Das liegt vielleicht schlicht und ergreifend daran, dass ich mich wenig unterhalte. Im Schwesternzimmer wird nicht über die Arbeit gesprochen. Meine

Fragen stören nur. Ich habe mit der Belegschaft wenig zu tun.

Außerdem fiel mir nicht zum ersten Mal auf, wie wenig mein Piepser klingelte. Kaum ein Gast meldet sich. Es ist still.

Auf dem unteren Flur gab es nicht viel zu tun. Es kommt mir vor, als gingen plötzlich einige gemeinsam auf das Ende zu.

»Wie heißen Sie noch mal?«, fragte Frau Koch.

»Florentine.«

»Ach ja! Florentine, die mit dem schönen Namen und mit den schönen Augen.« Sie griff mir ins Haar. »Ist das echt?«

Dann kam ihre Nichte. Frau Koch nahm meine Hand und drückte sie sich ans Gesicht.

»Hallo, Tantchen!«

»Das ist so eine Verwandte«, sagte Frau Koch leise, schielte zu ihr hinüber und schmiegte sich noch fester an meine Hand.

»Willst du nicht aufstehen?«

»Ich bin so müde …«

»Nein, steh auf! Das ist gut für dich!«

Zehn Minuten später schob sie ihre müde Tante ins Wohnzimmer. Gegen sechs Uhr abends wandte sie sich endlich zum Gehen.

»Die Arbeit ruft«, strahlte mich die Professorin an und griff nach ihrer Aktentasche.

»Ich bringe Ihrer Tante gerade Essen«, rutschte mir dummerweise heraus.

»Sie möchte nichts essen.«

»Doch. Sie hat bei mir bestellt.«

»Dann holen wir sie mal runter, ne?«

»Nein, ich bringe es ihr ans Bett.«

»Sie sollte besser aufstehen. Sie wird hier ja ans Bett gefesselt. Ich habe es gerade mitbekommen, da wollte man sie nicht aufstehen lassen. Sie will sich doch bewegen!«

Allerdings. Oft wälzt sie sich im Bett, steht auf, geht um das Bett herum, legt sich wieder hin, steht wieder auf, legt sich wieder hin. Das war's auch schon.

Abends wurde ich gebeten, bei Frau Koch zu bleiben. Doktor Raatz hatte gerade seine Visite beendet, er bat mich, sie etwas zu beruhigen. Ich setzte mich neben sie. Sie wälzte sich herum, wollte aufstehen.

»Ach, mein Lieblingsschwesterchen! Mein Lieblingsschwesterchen!«, sagte sie und lachte mich so gut es ging an. Ich legte meine Hand auf ihren Arm. Auf die einzige Stelle, die nicht von Schweiß überströmt war. Die ganze Frau tropfte. Mit sanfter Gewalt verhinderte ich, dass sie durch das Zimmer lief. Es war nicht schwer. Ich saß neben ihr, träumte vor mich hin und streichelte ihren Arm. Sie wurde ruhiger.

Nach einer halben Stunde fragte ich: »Soll ich Sie mal in Ruhe lassen?«

»Nein, bitte bleiben Sie! Sie sind so beruhigend. Bitte bleiben Sie!«

Ich blieb eine weitere halbe Stunde, während der ich nur stumm ihren Arm streichelte.

»Sind Sie in Umständen?«

»Nein. Wie kommen Sie darauf?«, fragte ich.

»Sie sind so mollig. Das steht Ihnen gut«, fügte sie schnell hinzu.

»Ich glaube, jetzt muss ich gehen. Ich muss arbeiten«, sagte ich zaghaft.

»Ach nein.«

Stille.

»Ach nein.«

Stille.

»Ach nein.«

Sie schlug die Augen auf und sah mich flehend an. »Nein.«

Ich blieb noch ein paar Minuten, verabschiedete mich sehr leise. Sie nickte. Ich schlich hinaus. Den Rest des Abends war es still auf Zimmer 8.

11. November

Ich hatte Frühdienst gehabt. Trotzdem war es stockdunkel, als ich das Hospiz verließ. Sobald die Übergabe vorbei war, ging ich zu Frau Gabriel. Ich war mit ihrem Mann verabredet.

Ich klopfte an.

»Herein!«

Sie saßen am Tisch und spielten Backgammon. Dabei unterhielten sie sich leise, und Herr Gabriel tippte immer wieder auf eine Karte, die neben ihm lag. Manchmal kicherte Frau Gabriel und wiegte nachdenklich ihren Kopf hin und her.

»Später«, sagte er zu ihr und stand auf. »Da sind Sie ja!« Er ging zur Kommode und holte einige große Karten aus einer Schublade. »Wollen Sie mal schauen?«

Er breitete eine Karte nach der anderen auf dem Tisch aus und erzählte mir mit leuchtenden Augen, was er darüber wusste.

»Die ist uralt. Also, das Original. Das ist von 1680. Gucken Sie mal, wie zerstückelt Deutschland da aussieht.«

»Und was ist mit der?«, fragte ich und zeigte auf die Karte, über die er vorhin anscheinend mit Frau Gabriel gesprochen hatte. »Die sieht nicht sehr historisch aus.«

»Das stimmt«, sagte er und zwinkerte seiner Frau zu.

»Wir suchen uns gerade den schönsten Platz aus«, fügte Frau Gabriel hinzu.

»Wofür?«

»Ich habe auch nicht mehr allzu viel Zeit. Höchstens noch ein Jahr«, sagte er lässig. »Und wir dachten uns: Das passt doch wunderbar. Dann lassen wir uns gemeinsam bestatten. Wir haben keine Kinder. Und irgendwelche Nichten und Neffen mit unserer Trauerfeier belasten – nein, das machen wir nicht!«

»Wir haben uns für eine Seebestattung entschieden.« Frau Gabriel strahlte mich an. »So richtig schön, mitten auf dem Meer. Mich kann man ja aufbewahren, bis es so weit ist. Nur wo genau, das will wohl überlegt sein.«

12. November

Der Pfleger Andreas ist toll; ich kann ihm Fragen stellen. Ich half ihm bei Herrn Krause. Er fühlte besorgt den Puls.

»Geht es aufs Ende zu?«, fragte ich.

»Wenn die Menschen sterben, wird der Puls sehr schnell, wie bei einem Ausdauerläufer. Aber seiner ist noch sehr ruhig und unregelmäßig. Ich glaube, er bleibt noch bei uns.«

16. November

Herr Krause ist tot. Der kleine Wüstling. Jetzt kann er im Himmel den Frauen den Hintern tätscheln.

Er ist in der Nacht gestorben. Ich hatte Gelegenheit, unbemerkt zu dem Toten zu gehen. Er war ein schöner Anblick. Doch als ich das Zimmer betrat, erschrak ich zunächst, weil ich meinte, ihn schnarchen zu hören …

Es klingelte. Es gelang mir, mit einer Handbewegung meine Trauer aus dem Gesicht zu wischen und lächelnd Frau Mackes Zimmer zu betreten. Sie hatte Hunger. Gestern hatte sie drei Frühstücke, dann Mittag-, Abend-, sogar Nachtessen verzehrt.

»Ich möchte Frühstück.«

»Was bekommen Sie denn?«

»Mein Frühstück.«

»Ich war bisher kaum bei Ihnen. Ich kenne Sie ja noch gar nicht richtig. Sie müssen mir leider ein bisschen auf die Sprünge helfen.«

»Ein Brötchen mit Butter.«

»Ein bestimmtes? Vollkorn, oder …«

»Nein, einfach ein Brötchen mit Butter. Und einen schön heißen Kaffee.« Die Tränen standen ihr in den Augen. »Ich habe gestern nichts zu essen bekommen.«

»Nichts?«

»Kein Mittag, kein Abend. Ich habe solchen Hunger!«

Ich beeilte mich, der armen Frau etwas zu bringen. Ich stellte das Tablett auf ihren Nachttisch.

»Was ist das denn?«

»Ein Brötchen mit Butter.«

»Aber Kind! Das ist doch viel zu hart!«

»Aha, möchten Sie ein Milchbrötchen?«

»Ja, natürlich!«

Ich holte ein Milchbrötchen.

»Und wie soll ich das jetzt essen? Das muss doch klein geschnitten werden.«

Ich holte ein Messer.

»Und wo ist die Gabel?«

Als sie die Gabel in der Hand hielt, bebten wieder sämtliche Falten in ihrem Gesicht.

»Was ist denn los, Frau Macke?«

»Herrgott, ich wollte doch nur ein Brötchen!«

»Das haben Sie bekommen. Aber ich kenne Sie kaum. Das müssen Sie entschuldigen.«

Mit müdem Kopfnicken entließ sie mich.

Die Frau erholt sich.

Den Rest des Dienstes über hing ich an einem einzigen Gast. Von dem Augenblick an, da ich ihr mit Schwester Bianca zusammen aus dem Bett in den Tag half, ließ Frau Koch mich nicht los.

»Bleiben Sie bei mir.«

»Nein, Frau Koch. Ich habe noch gar nichts gefrühstückt. Ich gehe jetzt erst mal etwas essen. Danach komme ich zu Ihnen.«

»Ja?«

»Versprochen.«

Fünf Minuten später, ich wollte gerade in mein Brötchen beißen, klingelte es.

»Sie wollten doch zu mir kommen«, sagte sie.

»Ich muss erst frühstücken.«

»Ach, Sie müssen noch frühstücken.«

Ich nahm ihre Hand. »Ich verspreche Ihnen: Ich werde Sie nicht vergessen.«

Schließlich ging ich mit ihr spazieren. Noch eine Runde.

Noch eine Runde. Sie wollte wieder und wieder die langen Wege im Park hin und her geschoben werden.

»Können wir noch mal zu dem kleinen Springbrunnen da hinten?«

Aber ich hatte mich noch um andere Gäste zu kümmern. Ich musste sie zurück auf ihr Zimmer bringen.

»Sie kommen doch wieder?«, bat sie. Und streichelte meine Hand.

Nach dem Mittagessen brachte ich sie auf ihr Zimmer …

»Bleiben Sie! Bleiben Sie bei mir!« Sie streichelte mich.

»Ich muss gehen, Frau Koch.«

»Aber Sie kommen doch wieder?«

18:15 Uhr.

Ich habe eineinhalb Stunden lang mit Frau Gabriel gespielt. Das Blöde: Als ich gehen wollte, saß Frau Koch am Tisch. Sie wollte auf ihr Zimmer. Keine Schwester hatte Zeit. Sie wollte wieder und wieder aufstehen, was für sie sehr gefährlich ist. Schließlich brachte ich sie auf ihr Zimmer.

»Sie sind ein Engel«, sagte sie. »Sie sind ein Engel. Ein Engel! Bleiben Sie jetzt bei mir?«

»Nein, ich gehe jetzt ins Bett.«

»Ins Bett?« Sie legte sich hin. Besser: Ich legte sie hin.

»Ja. Ich bin auch nur ein Mensch und ich bin müde. Ich gehe nach Hause und schlafe.«

»Ich hatte mich so auf einen Abend mit Ihnen gefreut.«

»Wir sehen uns morgen wieder.«

Ich verließ die Frau, die mir mit großen, traurigen Augen hinterherguckte. Das gefällt mir nicht. Es tut mir leid, sie liegen zu lassen. Ganz einfach, weil ich weiß, dass sie da stundenlang nur liegt, nicht aufstehen darf und niemanden bei sich hat. Ein blödes Gefühl.

Ich kann ihr nicht geben, was sie von mir verlangt.

3

18. November

»Warum fehlt an Ihrer linken Hand ein Finger?«

Herr Gabriel sah mich erschrocken an. Seine Hände lagen auf dem Spielbrett.

Ich war selbst etwas beschämt. Diese Frage hatte sich quasi selbst gestellt, ohne dass ich sie aussprechen wollte. Er betrachtete seine Hand; der Ringfinger ist abgetrennt.

»Das war Hitler«, sagte er langsam. »Ich hatte eigentlich Glück; ich musste nicht an die Front. Dazu war ich zu jung; dreizehn Jahre. Aber in der Hitlerjugend war ich schon. Dann kamen die Bomben. Ich musste an Aufräumaktionen teilnehmen. Schutt wegräumen. Wir mussten an zerstörten Gebäuden arbeiten. Und dann ... ich hab mit anderen zusammen Schutt von der Straße geräumt, da kam ein Stück Dach runter. Da konnte man nicht viel machen, schließlich war Krieg: Der Arzt hat mir den Finger mit einer Zange abgeknipst. Ich habe zugesehen; nur örtliche Betäubung. Ich wollte immer Musiker werden.« Er starrte auf seinen verstümmelten Finger. »Klarinette. Ich war richtig gut. Und plötzlich fiel das alles in sich zusammen. Ich habe gezappelt und geweint. Da sagte der Arzt: ›Du solltest nicht flennen, sondern dankbar sein, dass du dem Führer ein Glied opfern darfst.‹«

Von Hitler habe ich in der Schule eine Menge gehört, was mich ab einem gewissen Zeitpunkt zutiefst gelangweilt hat. Ich habe etwas über Kriege gelernt, über Politiker.

Aber wenn ich neben alten Menschen sitze, dann ist es wie eine Zeitreise. Und ich darf zuhören.

Ein vierzigjähriger Lehrer kann sagen: »Das war eine schlimme Zeit.« Und nennt Zahlen. Herr Gabriel muss nur seinen Finger betrachten und sagen: »Das war Hitler.«

20. November

Als die spindeldürre Frau Ende frühstückte, blieb ich bei ihr. Sie schafft es zwar noch, sich mit Unterstützung auf den Bettrand zu setzen. Doch sie kann einfach umkippen. Sie aß still ein Ei. Sah sich im Zimmer um.

»Das alles«, sagte sie und machte eine große Handbewegung, »kann in die große Tasche.«

»In welche große Tasche?«, fragte ich.

»Die ist im Schrank. Und irgendwo ist auch mein Koffer. Da tun Sie bitte meine Kleider rein. Ich fahre nach Hause.«

Es war still. Ich legte den Arm um sie. »Ich glaube, Sie können nicht nach Hause.«

»Warum nicht?«, fragte sie trotzig.

»Wissen Sie, wo Sie hier sind?«

»Nein.«

»Sie sind in einem Hospiz.«

Sie sah mich irritiert an. »Aber ich will nach Hause. Sagen Sie Wolferl Bescheid.«

»Wer ist denn Wolferl?«

»Mein Mann. Der ist auch hier. Den erkennen Sie leicht: Er hat so eine Beule rechts am Kopf.« Sie lächelte.

»Wolferl ist nicht hier, Frau Ende.«

»Aber ich muss nach Hause. Das ist nicht weit weg von hier. Bei Berlin. Wissen Sie, wo Berlin ist?«

»Ja.«

»Sehen Sie, da muss ich hin.«

»Das geht leider nicht.«

»Warum nicht?«

»Sie sind krank.« Sie nickte. »Sie brauchen Hilfe.« Sie nickte wieder. »Zu Hause kann man Ihnen nicht so gut helfen. Das müssen wir hier machen.«

»Aber ich muss nach Hause. Aufräumen. Und die Kartoffeln …« Sie starrte fassungslos ins Nichts. Ich nahm ihre Hand.

»Was ist, wenn ich sterbe?«, fragte sie leise.

Zwei Stunden später brachte ich ihr einen Tee.

»Das kann alles in den Koffer. Ich nehme den nächsten Zug.«

»Hier fährt kein Zug.«

»Fahren denn Autos? Ich muss nach Hause. Wo ist Wolferl? Der wird das für mich regeln.«

»Wieso wollen Sie denn unbedingt weg?«

»Es ist so still.« Eine Tür knallte. »Da ist jemand!«, entfuhr es ihr hoffnungsvoll. »Kommt der jetzt zu uns?«

Man hörte entferntes Lachen.

»Da sind doch überall Menschen!« Sie blickte mich verzweifelt an. Die Tränen standen ihr in den Augen.

»Ich glaube, ich muss sterben.«

Small Talk

Einer glatzköpfigen Frau, die in den letzten Zügen liegt, sagt die Schwester: »Sie sind aber schick heute. Eine tolle Mütze haben Sie auf!«
Die Frau ist nicht schick! Kaum einer ist schick in diesem Hospiz. Mit kranken Menschen muss man anders reden als mit gesunden. Man muss lauter, langsamer und einfacher sprechen. Aber es sind trotzdem erwachsene, größtenteils hochbetagte Menschen.
Ich habe heute erfahren: »Mit dem Alter werden die Menschen wieder wie Kinder.«
Das ist ja alles schön und gut, aber auch eine todbringende Krankheit macht nicht ein ganzes Leben ungeschehen. Die Leute haben trotzdem viel erlebt, manchmal noch den Zweiten Weltkrieg. Das ist doch nicht alles auf einmal weg!
Oder bin ich blöd? Manchmal kommen mir Zweifel: Siehst du das alles falsch, Florentine?
Alte sind wie Kinder. Sie begreifen nichts mehr.
Wenn eine Schwester einen älteren Herrn wickeln will, obwohl er mit dem Stummel seines amputierten Beines versucht, seine Blöße zu bedecken, und sie darauf sagt: »Aber, aber! Wir wollen doch nicht nach Pipi riechen!«, dann ist das wahrscheinlich die absolut richtige Art, mit einem Mann in diesem Zustand zu reden, und ich will es nur nicht einsehen.
Was zum Himmel stört mich daran?

22. November

»Können Sie ein paar Eier aus dem Bett nehmen?«

Frau Ende lag auf der Seite. Irgendjemand sollte bei ihr sein. Ich hatte diese Aufgabe mit Freuden übernommen. Ich saß neben ihr und streichelte behutsam ihre Arme.

»Was für Eier?«

»Die sind gar nicht da, ne?«, sagte sie. »Ich habe das Gefühl … dass da welche sind.«

»Fühlen Sie sie denn? Drücken sie irgendwo?«

»Nein, nein. Sie sind einfach da.«

Sie schloss die Augen. Ich streichelte sie.

»Das tut gut«, hauchte sie und lächelte. Sie schlug die Augen wieder auf: »Wenn ich das aufmache, fallen dann die Hühner raus?«

»Was für Hühner?«

»Na ja, wenn ich das … das …«, sie suchte vergeblich nach Worten.

»Ich glaube, das ist gerade in Ihrem Kopf. Hier sind keine Hühner.«

»Ja«, sie nickte. »Aber wenn hier welche wären und ich es aufmachen würde, dann kämen sie doch herausgepurzelt, oder?«

»Ja, wahrscheinlich«, antwortete ich. »Wenn sie hier wären.«

Sie lächelte glücklich und schloss die Augen. Ich streichelte sie.

Sie schlug die Augen auf und sah mich bittend an: »Wenn mein Kopf niedersinkt«, sie tippte sich an die Stirn, »schalten Sie dann bitte aus?«

»Ich soll Ihren Kopf ausschalten?«

»Ja, bitte.«

»O. k., wenn er niedersinkt, mache ich es.«

»Danke.« Sie schloss die Augen. Ich streichelte sie. Sie schlug die Augen auf. Wieder zeigte sie auf ihren Kopf: »Wie kriege ich den in Malzbier? Einfach aufknöpfen, oder?«

»Das kann ich Ihnen nicht sagen. Ich habe es noch nie versucht. Ist aber eine gute Frage. Das müsste man mal ausprobieren.«

24. November

Bianca kam, wusch sie und wollte gerade wieder gehen, als …

»Das ist nicht richtig«, meinte Frau Ende und zeigte aufs Bett.

Bianca fing an, am Bettgitter herumzuhantieren.

»Ich glaube, Sie suchen die Eier, oder?«, fragte ich.

»Wie bitte?«, kam es von Bianca.

»Ja, genau!«, antwortete Frau Ende.

»Die Eier?«, wiederholte Bianca.

»Ich nenne es so«, sagte Frau Ende.

»Ich habe schon nach ihnen geguckt. Ich kann sie nicht finden«, sagte ich.

27. November

Dass Frau Ende im Sterben lag, wusste ich. Als ich zu ihr ging, um sie zu lagern, war sie bereits tot.

Ich ging nachts alleine zu ihr. Ich nahm ihre Hand.

»Ich habe die Eier gefunden«, flüsterte ich. »Und ich habe sie weggenommen. Jetzt stören sie dich nicht mehr. Nirgendwo.«

1. Dezember

»Was machen Sie denn hier?«

Frau Stöckl stand im Schlafanzug auf dem Flur. Ich rannte zu ihr. Denn ohne Rollator kann das schnell in Hals- und Beinbruch ausarten.

»Ich will ein bisschen laufen«, sagte sie. »Hast du Zeit? Ach nein, ihr habt alle keine Zeit.«

»Ich habe Zeit.«

Schrittchen für Schrittchen über den Flur.

»Ihr habt alle eure Arbeit. Ich bin nutzlos.«

Und wieder zurück. In den Fahrstuhl.

»Aber ich – was soll ich tun? Wo ist Papa?«

Runter. Ins Wohnzimmer. Sie setzte sich an den Tisch. Trank einen Kaffee.

»Ich glaube, ich geh' zu Papa«, sagte sie zu sich. Schrittchen für Schrittchen ins Zimmer. Sie legte sich hin.

»Ich versuche, ein bisschen zu schlafen.« Und ich verließ sie. Was sich in wenigen Zeilen zusammenfassen lässt, dauerte zwanzig Minuten. Ich wollte mich ein wenig ausruhen. Das funktionierte auch – fünf Minuten lang. Dann kam die Putzfrau: »Kann jemand von euch zu Frau Stöckl gehen? Die steht halb nackt auf dem Flur.«

Sie wurde angezogen. Sie kam wieder runter. Saß kurz am Tisch. »Ich muss blättern.«

»Die ist wie ein Stehaufmännchen!«, sagte Marga, als ich fünf Minuten später wiederkam.

Mühselig versuchte die große Frau, aufzustehen. »Ich will ein bisschen laufen. Aber du hast keine Zeit, oder? Ich mache euch nur Arbeit.«

Abends, ich wollte mich lediglich um die Wäsche kümmern und dann ab ins Bett …

»Frau Stöckl! Wieso stehen Sie denn im Flur?«

»Wo ist Papa? Ich muss blättern. Jetzt ist die heilige Messe.«

»Das stimmt nicht.« Dieser Satz tat mir selbst weh. Aber ich zwang sie zurück ins Zimmer. Eine Windel lag auf dem Boden. Der Boden glänzte vor Urin. Es stank. Es stinkt immer in ihrem Zimmer. Ihr Bett war nass. Sie nahm die triefende Windel und wischte damit über den Boden, verteilte noch mehr.

»Bitte lassen Sie das!«, war meine strengere Reaktion. Sie sah mich an, als hätte sie mich vergessen. Sie ließ die Windel fallen und wollte meine Hand nehmen. Das war sogar für mich zu viel. Ich holte Hilfe. Und Desinfektionsmittel.

»Ich bin euch eine Last«, sagte Frau Stöckl, während Marga in ihrem Intimbereich zugange war.

Das Schlimme ist: Sie hat recht.

Margas Antwort fiel natürlich beschwichtigend aus: »Wie kommen Sie denn auf die Idee? Nein, ich bin gerne bei Ihnen. Und die anderen auch. Ganz bestimmt.«

Aber es passiert: Sie nervt mich. Für sie kann man nichts tun. Selbst wenn man sich zu ihr setzt, sie sagt immer dasselbe: »Wo ist Papa? Ihr habt eure Arbeit. Ich bin nutzlos.«

Es lässt sich nicht ändern. Wir rennen ihr hinterher und sind dankbar, wenn sie einfach schläft. Sie hat genau davor Angst. Weshalb sie nervt, dafür kann sie nichts.

Sie will doch nur blättern.

3. Dezember

Frau Stöckl bekam Besuch von Frau Keun. Ich setzte mich zu ihnen und unterhielt mich mit Frau Keun.

»Wieso kommen Sie eigentlich täglich?«, fragte ich.

»Ich bin Frau Vogels Nachbarin gewesen!«, erwiderte Frau Keun etwas ungehalten. »Sie schläft fast nur, ja … aber ich finde, das sollte unter Nachbarn selbstverständlich sein.«

Frau Stöckl saß mit geschlossenen Augen daneben.

»Dieses Dösen finde ich seltsam«, meinte Frau Keun. »Das hat sie immer.«

»Immer, wenn Sie kommen«, berichtigte ich. »Ich glaube, sie döst, weil wir reden.«

Es waren die Stimmen ihrer Liebsten, die sie so selig machten. Wie bei einem Kind. Aber nicht nur das.

»Hören Sie das auch?«, fragte ich Frau Keun.

»Ja, diese schreckliche Musik läuft schon länger. Wer hat bloß die CD aufgelegt? Mir ist das in einem Hospiz zu düster.«

Aus dem Wohnzimmer drangen leise die tiefen Töne von Bachs Orgelmusik.

5. Dezember

»Weißt du, wo Papa ist?«, fragte Frau Stöckl mich hoffnungsvoll. Ich musste ahnungslos die Schultern heben. Frau Stöckl schüttelte verzweifelt den Kopf.

Ich stand auf und ging zu der kleinen Musikanlage. »Sie mögen doch Bach?«, fragte ich.

»Mein Papa liebt Bach!«

»Meine Enkelin macht auch Musik«, sagte Frau Keun. »Die hat klassische Gitarre studiert. In Spanien. Hätte lieber was Anständiges machen sollen. Meine andere Enkelin ist Erzieherin. Aber jetzt hat sie angefangen, Kunst zu studieren. Statuen schnitzen und so. Gewinnt dauernd irgendwelche Preise.«

»Sie haben tolle Enkel. Das sind ja wunderbare Berufe!«

»Ich finde das nicht so toll«, erwiderte sie.

»Wieso nicht?«

»Also, die Mädchen: Da studieren die bis zum dreißigsten Lebensjahr. Und dann heiraten sie.«

»Ja, und?«, fragte ich.

»Dann war doch das ganze Studium umsonst.«

»Heute versucht man, Beruf und Familie zu verbinden ...«

Sie winkte ab. »Ja, heute macht man so was. Zu meiner Zeit war das anders. In den Fünfzigern. Da hat man einfach was Anständiges gelernt. Meine Enkelinnen, die sind so intelligent! Und dann werden sie Künstler.«

»Was wäre denn besser?«

»Was Anständiges halt«, wiederholte sie. »Verkäuferin. Friseurin.«

»Und diese Berufe sind intelligenter?«

Sie winkte ironisch lächelnd ab.

»Hatten Sie einen Beruf?«, fragte ich.

»Ja«, sagte sie stolz. »Ich hatte einen Kiosk. Vierzig Jahre lang. Heute ist das alles anders.« Sie schüttelte den Kopf.

»Aber kam Ihren Eltern nicht auch manchmal komisch vor, was Sie als junge Frau gemacht haben?«

»Ich habe was Anständiges gemacht.«

Als sie weg war, stand Frau Stöckl im Flur: »Ich habe nur Kummer.«

»Sie hatten doch gerade Besuch«, sagte ich.

»Ja. Aber er ist wieder weg.«

»Aber er war da, Frau Stöckl! Wie viele Menschen bekommen gar keinen Besuch.«

Abends brachte ich sie ins Bett: »Schlafen Sie gut. Und träumen Sie was Schönes.«

»Ach«, sagte sie. »Nur schöne Träume …«

6. Dezember

Ich war alleine bei Frau Stöckl eingeteilt. Es war hart. Sie stand wie üblich schon um sieben Uhr morgens halb nackt auf dem Flur und wollte blättern. Im Zimmer lagen die Windeln. Ich half ihr bei der Morgenwäsche. Es ging an die Intimpflege. Sie zog die Hosen herunter und lächelte müde: »Wie ein Baby.«

Mir wurde kotzübel. Es kam mir so demütigend vor, ihr mit Latexhandschuhen Penatencreme zwischen die Schamlippen zu schmieren.

»Die kranken Leute gewöhnen sich daran«, heißt es oft. Krebs macht viel kaputt; das Schamgefühl aber leider nicht.

Sie ist die Erste, bei der ich schreiben muss: Sie belastet mich. Ich kämpfe gegen diese »Abneigung« an, es funktioniert nicht. Ich bin nur ein Mensch.

»Wo ist Papa? Ist heute keine Messe?«

7. Dezember

Es gibt eine ausgleichende Gerechtigkeit. Und heute war der gerechte Ausgleich zum gestrigen Tag. Ich war auch abends nicht zur Ruhe gekommen. Ich hatte sogar von Frau Stöckl geträumt. Das Erste, was ich heute tat: Ich bat Schwester Frauke, nicht bei Frau Stöckl eingeteilt zu werden. Zum Glück gewährte sie es mir mit Verständnis und ohne Diskussion.

Ich sah die alte Dame trotzdem. Wie sie im Rollstuhl saß. Wie sie versuchte aufzustehen, um »ein bisschen zu laufen«. Wie sie, kaum dass sie stand, über Schmerzen klagte. Nach der Orgel fragte. Wie sie verzweifelt den Kopf auf den Tisch legte. Immer, wenn ich vorüberging, drückte ich ihre Hand.

Ich spinkste in Frau Gabriels Zimmer. Daraus wurde ein langes Gespräch.

»Ist das nicht komisch; wenn man im Krieg ein Kind war und jetzt im modernen Deutschland lebt?«, fragte ich.

»Komisch ist kein Ausdruck«, antwortete sie. »Manchmal wache ich auf und … so viel Zeit ist vergangen. So viele Moden sind an mir vorbeigezogen!«

»Allein bei den Autos«, sagte ich. »Als Sie ein Kind waren, war ein Auto doch Luxus, oder?«

»Ja. Ich erinnere mich, wie meine Eltern in den Dreißigern manchmal ein Taxi bestellten, damit wir ein bisschen in München herumfahren konnten. Das war für uns Kinder ein Höhepunkt. Wir waren immer ganz wild darauf, dass der ›Onkel Taxifahrer‹ wiederkommt. Und jetzt haben meine Enkel vier Autos.«

Seit einigen Tagen liegt sie mit Übelkeit im Bett. Die Schwestern meinen, dass es sich um etwas handelt, das nichts mit der Krankheit zu tun hat.

Frau Gabriel winkte ab: »Ich weiß es besser. Das ist er.«

Ich half ihr beim Umziehen.

»Magst du den?«, fragte sie und zeigte auf ihren Dostojewski.

»Ehrlich gesagt: Ich habe noch nichts von ihm gelesen«, antwortete ich.

»Nichts gelesen?« Sie sah mich entsetzt an. »Dostojewski ist der Größte! Na ja, ich werde ihn wohl nicht mehr durchkriegen. Weißt du was: Wenn ich sterbe, darfst du ihn dir nehmen. Ich schenke ihn dir.«

Mir wurde etwas anders: *Distanz, Florentine! Distanz!*

Sie legte sich ins Bett. Wir redeten. Darüber, dass sie Gott eine Reform der Zehn Gebote vorschlagen könnte. Wie es im Himmel wohl aussieht. Ob man sie mit ihrer dreckigen Lache überhaupt reinlässt.

»Du bist die Erste hier, der ich etwas schenke. Ich musste daran denken … Erinnerst du dich an den ersten Tag? Als ich kam; da warst du im Wohnzimmer, wir haben uns unterhalten, und du hast gesagt: ›Ich glaube, wir werden eine schöne Zeit zusammen haben. Wir sind auf einer Wellenlänge.‹«

Wie war das? *Distanz!*

Ich freute mich so. Und die Horrorvisionen, die andere mir gemalt hatten, zogen an mir vorbei. Es steht fest, dass ich weinen werde, wenn sie geht. Und zwar mehr als bei anderen Gästen. In ein Loch werde ich nicht fallen; das wäre gegen unsere Abmachung. Ich habe heute ein Geschenk von ihr bekommen. Und ich darf es mir in einem besonderen Moment nehmen. Ich fühlte bereits die Tränen, die mir dann über das Gesicht fließen werden.

Aber sie kann gar nicht bewirken, dass es mir schlecht geht. Auch nicht mit ihrem Tod.

nebenbei

Wir sind nicht von Natur aus alt

Vorgestern bin ich über den Weihnachtsmarkt gegangen. Und es fiel mir auf, was seit Monaten bei jedem Stadtbesuch meine Aufmerksamkeit auf sich lenkt: die alten Menschen. Plötzlich sehe ich sie. Bin sogar scharf darauf, in ihrer Nähe zu sein. Ihnen zu helfen. Wenn an einem Stand ein Kind neben seiner Oma steht und mit funkelnden Augen all die schönen Dinge bewundert, dann sehen die meisten auf das Kind. Das habe ich auch immer getan. Jetzt schaue ich auf die Oma.

Vor einem halben Jahr noch waren alte Menschen für mich vor allem eines: alt. Es schien sich um eine eigene Gattung zu handeln. Und ich glaube, so geht es nicht nur mir. Alte Damen, die in ihrem Rollator ihr Spitzentaschentuch durch die Straßen schieben, haben nicht nur Falten auf der Haut; das Altsein gehört zu ihrem Charakter. Meint man.

In seinem Film »Pappa ante portas« sagt Loriot zu seinem Sohn: »Sieh mal, deine Mutter und ich, wir sind ja auch nicht von Natur aus alt. Also: alt auf die Welt gekommen.«

Loriot spricht mitnichten etwas Selbstverständliches aus. Im Gegenteil: Alte scheinen von Natur aus alt zu sein. Woran liegt das? Vielleicht hängt es mit den Körpern zusammen. Diese schlaffen Wangen, diese zusammengezogenen Lippen, die müden Augen – die machen es fast unmöglich, sich dahinter einen jungen Menschen vorzustellen. Die Fantasie reicht nicht aus. Und Fantasie braucht man!

In Herrn Langbeins Zimmer hängt ein Foto. Das Foto eines schönen, jungen Marine-Kapitäns. Ein Porträtfoto, den Blick stolz in die Ferne gerichtet. Herr Langbein ist alt. Er sieht ganz gut aus. Aber dass diese aufgequollenen, wunden Lippen einmal so dünn gewesen sein sollen? Ich musste ihn fragen, um sicherzugehen: Das ist er. Er ist dieser Kapitän. Ein völlig anderes Gesicht. Eine völlig andere Haltung; natürlich können sich alte Menschen nicht mehr so bewegen wie junge. Manchmal kann ich die Gäste auf alten Fotos erkennen. Aber meistens bleiben es Bilder von Fremden.

Als ich durch die Stadt ging, war ich umgeben von jungen Menschen, die zufälligerweise faltige Kostüme angezogen hatten. Zwei Damen und zwei Herren schlenderten kichernd über den Markt: Oh, da versucht man noch jung zu sein. Will so tun, als gehöre man dazu. Alte Menschen, die flirten: Der Zug ist abgefahren, Leute! Man vergisst: In dieser Brust schlägt dasselbe Herz, das sich vor sechzig Jahren zum ersten Mal verliebt hat. Ein Herz, das nicht viel anders tickt als mei-

nes. Das dieselben Sehnsüchte und Ängste hatte. Aber dieser Gedanke ist schwer. Alte Menschen, die flirten, wirken ... unnatürlich.
Ich sehe den Mann, der einen Glühwein in der zitternden Hand hält. Ich nehme seine Haut und straffe sie. Ziehe sie nach hinten, binde sie mit einem Tuch im Nacken fest. Hebe seinen Blick. Beruhige seine Hand. Und da steht ein Mensch vor mir. Kein Kind, kein Greis, sondern schlicht und ergreifend: ein Mensch.

9. Dezember

Langsam zog Herr Langbein, der Kapitänleutnant, seine Hose herunter. Dann, sehr langsam, die lange Unterhose. Und unter Mühen auch die Windel. Ich stand hinter ihm und guckte taktvoll beiseite. Leider musste ich ihn begleiten; alleine kann er nicht gehen. Aber so krank und schwach er auch sein mag, zum Pinkeln setzt er sich nicht hin. Schon gar nicht vor dem jungen Mädchen, das hinter ihm steht. Er ist ein Mann. Durch und durch.

Als Marga kichernd davon erzählte, wie er ihr Komplimente gemacht und sie gestreichelt habe, war ich verblüfft gewesen: Hat der Mann keinen Geschmack? Es dauerte nicht lange, bis ich begriff: Es geht nicht um die Schönheit einer Frau. Sondern nur darum: Sie ist eine Frau. Auch mit über neunzig Jahren ist er ein Charmeur erster Güte.

Frauke geleitete ihn zum Aufzug. Schrittchen für Schrittchen. Er konzentrierte sich auf seine Füße. Aber als ich ihn begrüßte, blickte er auf. Grinste. Und wandte sich an Frauke:

»Ist schon eine hübsche Puppe, nicht?«

Kein Tag vergeht, ohne dass er einer Frau Komplimente macht. Der schöne, stolze Kapitänleutnant ist geblieben.

Ich versuchte zuerst, ihn zu überreden; die Schwestern würden es sicher nicht gerne sehen, wenn er im Stehen »Pipi macht«. Aber ich gönnte es ihm. Wenn er sich schon vor der Puppe eine Windel herunterziehen muss ... da kann er sich doch nicht auch noch beim Pinkeln hinsetzen!

10. Dezember

Ich bin erledigt. Um wen sollte ich mich kümmern? Frau Stöckl. Ich halte sie nicht mehr aus. Es tut mir weh, das zu schreiben. Ich konnte nicht mal richtig aufwachen. Kaum war ich im Hospiz, musste ich auch schon in ihr Zimmer. Alles war braun; Boden, Wände, Bett, Kleidung. Erst mal: Frau Stöckl waschen. Dann: »Setzen Sie sich bitte, Frau Stöckl.«

Schließlich darf man sie nicht alleine herumlaufen lassen. Dann: Das Bett neu beziehen.

Währenddessen: »Ich geh noch mal auf Toilette.«

Ich lief hinterher. Doch es war schon zu spät; ihre Hand war voll mit »Verdauung«, wie es heißt. Frau Stöckl zum Händewaschen überreden. Intimbereich noch mal waschen. Dann schob ich Frau Stöckl zum Aufzug, ins Wohnzimmer, setzte sie ab und hechtete wieder in ihr Zimmer. Um in Kleinstarbeit die eingetrockneten Reste vom Boden, von den Wänden zu entfernen. Anderthalb Stunden waren vergangen.

Frau Stöckl ging herum. Ich musste mich ihr an die Seite stellen.

»Ich bin müde.«

Ich brachte sie ins Bett. Das dauert lange. Ich ging. Ich kam fünf Minuten später wieder.

Sie stand mit heruntergezogener Hose im Zimmer. »Ich war gerade auf Toilette.«

Immerhin war der Boden sauber. Intimpflege. Hände waschen. Frau Stöckl ins Wohnzimmer mitnehmen. Nach zwei Minuten wollte sie wieder aufstehen. Ins Zimmer. Eine halbe Stunde später stand sie im Gang.

»Oh weh«, sagte Frau Stöckl. Setzte sich und weinte. »Keiner braucht mich. Ich bin eine Last für euch. Ich will tot sein. Wo ist Papa?«

Und es fiel mir etwas Furchtbares auf: Diese Sätze langweilen mich. Als ich mir erbarmungslos eine kleine Pause gönnte – da weinte ich.

Es ist schlimm für mich; dass ich böse werde, wenn ich sie wieder auf dem Gang aufgabele. Sie etwas lächelt, dann wieder weint.

Da ist es bei anderen Gästen viel einfacher. Die kleinkarierten alten Damen, die seit Monaten ein behagliches Leben führen und abends einen ganz bestimmten Tee brauchen – von denen darf ich genervt sein. Aber doch nicht von einer ausgelieferten, verzweifelten Frau!

11. Dezember

Frau Macke hat Angst.

»Wo ist die Schwester, die wegen meinem Mann?«

»Ich weiß nicht, was Sie meinen«, sagte ich.

Frau Macke sah sich unruhig um. »Na, die, die mit meinem Mann!« Als ich sie noch immer ratlos ansah, traten ihr die Tränen in die Augen.

»Sollen wir Ihren Mann anrufen?«, fragte ich.

»Ja, diese Schwester. Wo ist sie denn? Sie hat nämlich seine Telefonnummer.«

»Die haben wir auch«, sagte ich. »Es kann doch irgendeine Schwester anrufen.«

»Ja. Aber sie muss ihm sagen, er soll unbedingt morgen kommen. Und wenn seine Schwester drangeht, dann, dann …«, sie verhaspelte sich. »Dann soll sie's ihm auf einen Zettel schreiben.«

»Kein Problem.« Ich wandte mich zum Gehen.

»Halt! Sagst du mir dann Bescheid? Wenn ihr angerufen habt? Ob er dann kommt?«

»Mache ich.« Ich ging ins Schwesternzimmer. Frau Macke klingelte.

»Und? Und?«, sprudelte sie los, kaum dass ich den Raum betrat.

»Wir werden gleich bei ihm anrufen.«

»Habt ihr noch nicht?«

»Nein. Ich werde Ihnen dann Bescheid sagen.«

»Aber tust du das auch wirklich?«

Das vernahm ich nicht zum ersten Mal. Ich nahm ihre Hand. »Warum haben Sie kein Vertrauen, Frau Macke?«

Sie sah mich flehend an, wieder standen ihr Tränen in den Augen. »Nicht böse sein. Bitte, bitte sei mir nicht böse! Du bist doch mein allergrößter Liebling. Sei mir nicht böse!«

»Ich frage mich nur, warum Sie solche Angst haben. Wir haben Sie nie enttäuscht, oder?«

»Nein, natürlich nicht!«, sagte sie schnell. Ich ging hinaus.

Und sie rief mir hinterher: »Kommt hier auch keiner rein? Sind die Nachtschwestern schon da? Du guckst doch immer mal wieder nach mir?«

Später offenbarte Andreas mir: »Sie meint, dass sie heute Nacht sterben muss.«

15. Dezember

Ich hatte am letzten Freitag bei Dreharbeiten zu einem historischen Film als Komparse mitgemacht. Leicht bekleidet hatte ich bis vier Uhr morgens am Freilichtset gehockt.

Zurück im Hospiz lenkten mich meine ersten Schritte zu Frau Gabriel. Einen Piepser hatte ich »vergessen«. Wir lagen uns in den Armen. Und ich sagte: »Ich weiß jetzt, wie sich Strumpfhalter in den Dreißigern angefühlt haben.«

Sie lachte. »Ja? Furchtbar, nicht?«

»Das können Sie laut sagen.«

Herr Stern drehte sich auf die Seite, damit Frauke seine Verbände wechseln konnte. Sie zog langsam die mit Klebeband befestigte Binde von seinem Bein. Er verzog das Gesicht. Sie zog mehrere Mullbinden hervor. Ich konnte die Wunde nicht sehen. Dafür war ich dankbar. Ich sah an Fraukes Bewegungen, an den blutigen Mullbinden, dass er tiefe Löcher hatte.

»Hast du das schon gesehen?«, fragte Frauke. Ich schüttelte den Kopf. »Du kannst gerne mal gucken.«

Und ich folgte ihrer Aufforderung. Ich spürte, wie ich blass wurde. Wie hatten mich bisher schon kleine Risse aus der Fassung bringen können? Hier waren Krater. Herr Stern hatte den Mond auf dem Bein. Richtige Löcher waren im Körper. Weiß und rot. Das Fleisch lag offen. Als hätte jemand mit einer Schaufel einfach ein Stück herausgehoben.

»Es tut Ihnen nicht weh, oder?«, fragte Frauke Herrn Stern. Er schüttelte den Kopf. Sie sah mich ermutigend an.

Auf Zimmer 5 liegt der Mondmann.

16. Dezember

Hatte ich jemals einen so entspannten Frühdienst? Ich kann mich nicht entsinnen. Das Haus ist ruhig. Selten klingelt jemand.

»Das ist die Winterdepression«, hat Frau Gabriel gesagt.

Sie war vorgestern nicht aus dem Bett gekommen. Und als ich heute kam, um ihr beim Duschen zu helfen, schüttelte sie den Kopf. »Ich habe die ganze Nacht nicht geschlafen.«

Ich hoffe, dass es bei Frau Gabriel schnell geht. Heute wurde mir bereits leicht anders.

»Auf diesen Tag haben wir gewartet«, sagte sie. »Denk daran, was du mir versprochen hast.«

»Was meinen Sie?«

»Dass du nicht traurig bist.«

»Das habe ich Ihnen nicht versprochen. Ich habe Ihnen versprochen, dass ich nicht in ein tiefes Loch falle. Aber traurig werde ich sein.«

17. Dezember

Als der Dienst vorbei war, tat ich, was ich schon seit Wochen vorhatte. Doch es musste in aller Heimlichkeit geschehen. Ich weiß, wenn es irgendwer herausfindet, werde ich als vollkommen pervers abgestempelt. Ich schlich mich in den Vorratsraum und nahm mir die Dinge, die ich brauche, um ein Experiment zu machen …

nebenbei

Das Experiment

Es sollte nur ein kleiner Versuch sein: Wie fühlt sich so eine Windel an? Täglich wechsle ich viele Windeln. So nennt man sie natürlich nicht. Um den Menschen ein bisschen Demütigung zu ersparen, gibt es würdigere Ausdrücke: Die »klassische« Windel, die an den Seiten geschlossen wird und in zartem Lila oder frischem Grün auf dem Pflegewagen wartet, heißt *geschlossenes System.* Dieses System zu wechseln bedeutet großen Aufwand. Man muss die Menschen mehrmals von der einen auf die andere Seite drehen, an ihnen herumstopfen. Um ihnen diese Anstrengung zu ersparen, wird in das System eine Einlage gelegt, die man mehrmals ohne großen Aufwand wechseln kann.
Es gibt noch eine zweite Form: Die weiße Windel ohne Verschluss, die wie eine normale Unterhose angezogen wird. Sie heißt *mobile Hose.*

Als ich mein Diebesgut vor mir ausbreitete, wurde mir anders. Mehr noch: Mir wurde übel. Ich hatte es mir simpel vorgestellt: anziehen, fühlen, ausziehen. Doch allein das Anlegen der Windel fiel mir schwer.
Wo liegt das Problem? Da ist ein großes Stück Watte. Was soll daran eine Herausforderung darstellen?
Es kostete Überwindung. Große Überwindung, mit der ich nie gerechnet hätte. Handgriffe, die ich immer an fremden, kranken Menschen verrichte, machte ich nun an mir selber. Ich hatte schon Hunderte geschlossene Systeme mit den blauen Klebestreifen geschlossen.
Endlich trug ich die fette Windel mit der fetten Einlage. Jede Bewegung tat weh. Die Watte wurde zwischen den Beinen zusammengequetscht und schnitt ins Fleisch. Selbst im Liegen engte sie ein. So viel Watte hat ihren Sinn; wenn bei Menschen, die wochenlang Verstopfung hatten, die Abführmittel endlich wirken, ist sie bitter nötig. Manchmal reicht sie sogar nicht aus. Dann müssen wir das Bett neu beziehen. Damit im Normalfall kein Tropfen auf das Laken kommt, ist die Plastikhülle wasserdicht. So wasserdicht, dass ich schon nach wenigen Minuten spürte, wie sich Schweiß darunter ansammelte. Das mag im Winter akzeptabel sein. Aber wie fühlt sich so eine Windel im Sommer an? Wenn man, mit unzähligen Kissen gelagert, in der Sonne liegt?
Nach einer halben Stunde konnte ich nicht mehr. Ich fühlte mich alt. Ich fühlte mich krank; nur wegen Watte zwischen den Beinen.
Abends kam die mobile Hose dran. Ich legte mich ins Bett. Und verbrachte eine seltsame Nacht; ich wachte mehrmals auf. Und hatte Albträume von Windeln.

Als ich am Morgen aufwachte und aus dem Bett hüpfen wollte – war da die mobile Hose. Ich fühlte mich leblos. Ich zog sie schnell aus und stopfte sie in den Müll, ganz nach unten.
Es ist grotesk, diese Worte zu schreiben. Und das seltsame Gefühl, welches mich das ganze Experiment hindurch begleitete, ist fast unbeschreiblich.
Die Windeln zweckgemäß zu benutzen, kam nicht infrage. Ich weiß: Es wäre nicht nur befremdlich gewesen. Es hätte mich traurig gemacht.

Am nächsten Tag trat ich meinen Dienst an. Etwas hatte sich geändert. Ich öffnete und schloss die gleichen Windeln, die ich seit Monaten öffne und schließe. Aber nun weiß ich, wie sie sich anfühlen. Und es war mir unangenehm, sie unter die Menschen zu stopfen, glatt zu streifen, und festzuzurren. Manchmal hatte ich wieder das Gefühl der dicken, pressenden Watte zwischen den Beinen.
Dass es manche Gäste eine solche Überwindung kostet, nachts mobile Hosen zu tragen, stößt auf Verblüffung und Kopfschütteln. Was soll daran schlimm sein?
Jetzt kann ich sie verstehen.

23. Dezember

Frau Gabriel geht es schlecht. Frau Koch geht es schlecht. Allen geht es schlecht. Das Wohnzimmer war leer. Es ist so unglaublich still.

Wie schnell sich das Hospiz ändern kann. Vor ein paar Wochen war es noch lebendig. Klingelte andauernd irgendwer. Und jetzt klebt der Tod wie Eiter an den Wänden. Oder liegt es an mir? Nehme ich allein es so wahr?

25. Dezember

Zum ersten Mal ist es mir passiert: Mich hat ein Gast genervt. So richtig.

Ich war für sechs Personen eingeteilt, doch ich hing nur an Frau Stöckl. Ich kämpfte an gegen dieses Gefühl, ich habe es nicht geschafft. Ich glaube, ich muss mir beibringen, meine ungerechten Gefühle zu akzeptieren. Sie sind menschlich. Auch bei Kranken. Auch bei dieser Dame.

Sie lechzt nach Zuwendung. Sie klingelt danach; andauernd blinkt auf meinem Piepser ihre Zimmernummer. Bei diesem Anblick stöhne ich. Traurig, aber wahr. In der letzten Nacht ist sie bei dem Versuch aufzustehen, hingefallen. Doch sie versucht es nicht nur nachts. Alle zehn Minuten spinkst jemand in ihr Zimmer. Ganz leise! Wenn sie schläft, schickt man ein Dankesgebet zum Himmel und macht sich schnell wieder davon. Denn warum sollte sie klingeln, wenn sie auch ganz ohne Hilfe aus dem Bett fallen kann?

»Ich muss mal ganz nötig«, ist ihr Anliegen. Das klingt nicht weiter tragisch. Meint der ungeschulte Leser. Doch es bedeutet, eine schwere Frau zunächst auf die Bettkante zu hieven – den Toilettenstuhl zu holen – sie aufzurichten – in Millisekundenschnelle ihre Hose herunterzuziehen. Dieser letzte Teil nimmt trotzdem mehrere Minuten in Anspruch. Denn bis die Windel mal unten ist, setzt sich

Frau Stöckl immer wieder hin, man kommt nur zentimeterweise voran. Sie kann sich kaum drei Sekunden lang auf den Beinen halten.

»Ich muss mal ganz nötig.«

»Ja, Frau Stöckl, Sie sitzen bereits auf dem Toilettenstuhl.«

Ihre Lippen beben. »Ich muss mal ganz nötig.«

Es vergehen drei Minuten. Sie versucht, sich aufzurichten.

»Sind Sie fertig?«

»Nein. Ich muss mal.« Irgendwann fällt das heiß ersehnte Wort: »Fertig.« Ich will zu Werke gehen. Doch es ist nichts gekommen.

Es tut mir in der Seele weh. Jetzt, wo ich es aufschreibe, tut es mir so leid für die Menschen, die sich von FSJlern den Arsch abwischen lassen müssen. Die ein »Fertig« sagen, das sie zuletzt vor 50 Jahren von ihren eigenen Kindern gehört haben.

Doch es geht kein Weg daran vorbei: Es kotzte mich an. Sie musste unbedingt aufs Klo, nur kam nichts. Und dann will sie permanent aufstehen, kracht aber in sich zusammen. Im Dienst hat es mich nur angeödet. Erst jetzt versetzt es mir einen Stich.

Als die Übergabe lief, ich also einige Minuten vor dem Mittagsschlaf stand: »Ich muss mal ganz nötig.« Und ich setzte sie aufs Klo, es kam nichts, ich wollte sie wieder anziehen. Sie zappelte so sehr. Sie weinte, weil ihr die Kraft fehlte. Sie fiel schließlich auf den Boden. Es gelang mir mit größter Mühe, sie ins Bett zu hieven. Sie lag dort eine Minute. Und versuchte dann, wieder aufzustehen.

»Was wollen Sie denn?«

»Ich muss mal ganz nötig.« Noch immer weinte sie. Ich hielt sie fest.

»Sie sind gerade erst hingefallen. Bleiben Sie doch bitte ein bisschen liegen.«

»Ich will aufstehen. Ich bin gerade hingefallen«, war ihre Antwort. Und als ich keine Anstalten machte, sie loszulassen: »Ich rufe die Polizei!«

Da löste ich die Klingel aus, wartete, bis Johanna und Gülay kamen, und drückte ihnen die Frau quasi in die Hand.

Es klingt lustig. Aber sie hat es ernst gemeint. Das ist das Traurige. Ihre Nöte sind echt. Sie muss wirklich »mal ganz nötig«.

Sie fühlt sich so der Freiheit beraubt, dass sie tatsächlich die Polizei rufen will. Es ist schwer, die Grenze festzumachen: Wo beschränkt die Krankheit, und wo beschränken die Mitmenschen? Was ist »besser« für jemanden: Ihn so oft hinfallen lassen, bis er sich das Genick bricht? Fühlt er sich dann frei? Oder ihn »zu seinem Besten« festhalten?

28. Dezember

Ich war lange nicht mehr bei Herrn Stern gewesen, dem Mann mit den starken Armen. Er liegt in seinem großen Zimmer. Es ist totenstill. Er wird gewickelt, gelagert. Und wieder ist es totenstill. Ich blieb nach der Pflege bei ihm. Seine Arme sind schwächer. Trotzdem lagen wir uns für ein paar Wimpernschläge in den Armen. Dann musste ich ihn alleine lassen. In dieser Totenstille. Eine Stunde später starb er.

30. Dezember

Frau Stöckl hat eine dicke Stoffschnur zwischen Tür und Rahmen hängen. Das haben viele, gerade verwirrte und sehr müde Gäste, damit man leicht einen Blick ins Zimmer werfen kann, ohne die knarrende Tür öffnen zu müssen.

Sie lag auf einer Matratze, die auf dem Boden neben ihr Bett gelegt worden war.

»Lasst sie da bloß liegen!«, hatte Nachtschwester Manuela frühmorgens gewarnt. »Wenn ihr sie hoch ins Bett hievt, versucht sie nur wieder rauszukommen; das kann gefährlich werden.«

Sie will raus aus dem Bett. Aber sie kann nicht stehen. Mit Gästen, die aus dem Bett klettern wollen und sich dabei verletzen, hat man im Hospiz schon Erfahrung. Die Bettgitter hochzustellen, ist keine Lösung; die bei der Pflege so schwachen Menschen entwickeln, kaum dass sie alleine sind, mitunter eine Kraft, mit der niemand mehr gerechnet hat. Und schaffen es, über die Bettgitter zu kraxeln; was natürlich ein noch höheres Verletzungsrisiko mit sich bringt.

Also legt man neben ihr Bett eine Matratze, um Stürze abzufedern.

Jemand rief. Ich spinkste im Vorübergehen durch die Tür.

Frau Stöckl lag auf der Matratze, schon halb auf den Boden gerutscht. Sie trug ein rosafarbenes T-Shirt und die Windel.

»Papa! Papa!«

Gülay und ich konnten ihr nicht helfen.

»Ich will runter«, stammelte Frau Stöckl und versuchte, auf den Boden zu rutschen; selbst dafür reichten ihre Kräfte nicht mehr aus.

An diesem Vormittag haben wir Frau Stöckl oft zurück auf ihre Matratze gelegt. Es änderte nichts. Sie lag da, die Beine auf dem kalten Boden, und rief: »Papa! Papa!«

2. Januar

Frau Stöckl ist tot. Ihre Stöcke stehen aufgereiht im Flur. Der Rollator ist in einer Ecke abgestellt. Ihr Zimmer ist leer. Alle Türen stehen offen. Damit der letzte Geruchspartikel weggeweht wird. Auf ihren Tod würde ich am liebsten anstoßen.

4. Januar

Frauke betrat den Raum. In ihrer Hand ein Foto. Gestern Abend war ich erschrocken. Weil ich merkte, dass ich mich an das Gesicht von Frau Stöckl nicht mehr genau erinnern konnte. Nun sah ich sie. Dieses Foto muss mindestens ein Jahr alt sein. Denn sie sieht gesund aus. Alt, aber gesund. Ein rundes Gesicht lächelt mich an. In dem ich sogar mädchenhafte Züge sehe. Wie lang war dieses Gesicht in den letzten Wochen geworden.

Da saß ich vor meiner Farbkopie im Schwesternzimmer und weinte. Zum Glück sah es niemand. Ich konnte einfach weinen. Wie ich weinte! Es tat so gut. Ich habe all meine Liebe herausgeweint. Gott, liegt mir diese Frau am Herzen. Und ihr Gesicht werde ich nie vergessen. Dieses Foto werde ich hüten wie einen Schatz. Von meiner großen, dürren Frau Stöckl. Die endlich da ist, wo sie immer hinwollte.

Das dunkle, übel riechende Zimmer ist plötzlich hell. Größer. Offen. Frau Stöckl hat ihren Raum mitgenommen und der liebe Gott hat einen verblüffend ähnlichen an genau dieselbe Stelle gesetzt.

5. Januar

Herr Bötticher stöhnt laut. Schreit leise. Als ich auf seinen Bauch schiele, weiß ich, warum: Ein großes, eiterndes Loch wird von der Schwester verbunden.

»Florentine, bedaure mich mal«, witzelt Herr Bötticher. Aber er meint es ernst.

Der dürre, 93-jährige Mann liegt im Bett. Übersät mit Falten, die lachen. Er zwinkert jedem zu, der den Raum betritt. Und wenn er mich *Kind* oder *Mädchen* nennt, ist das nicht weiter bemerkenswert; er nennt jede so. Er sieht fern. Mehr kann er nicht. Außer, wenn er Besuch hat. Und er gehört zu den Auserwählten, an deren Bett oft jemand sitzt. Über Fehler schmunzelt er. Er ist dankbar für alles.

Zu ihm geht man gerne. Er ist lustig. Sogar über seine Schmerzen lacht er. Solange man im Raum ist.

Der Fernseher läuft. Deutschland gegen Nigeria.

»Im Zweifelsfall, also, ich finde die Afrikaner attraktiver«, sage ich.

Er nickt. »Ist schon ’ne schöne Sache.«

»Was ist eine schöne Sache?«, frage ich.

»Sex.«

»Sie sagten mir letzte Woche: Sex muss nicht sein. Knutschen tut’s auch.«

»Knutschen ist toll. Aber Sex … Sex ist einfach schön. Ne schöne Sache. Wie sieht's denn bei dir aus?«

Ich lächle ihn an.

»Gut. Nicht hetzen, kommt schon noch. Das wird schön, Mädchen. Wenn man es richtig macht! Man muss es genießen. Nicht einfach flutsch und zack. Rein und raus mit Genuss. Dann macht Sex Spaß.«

Ich hebe seine Beine an.

»Ich war ein Turner«, sagt er und starrt auf seine Füße. »Wir waren topfit damals. Reck. Stufenbarren. Ich habe es geliebt.«

Das *Mädchen* schiebt ihm Kissen unter die Beine und deckt ihn zu. Dann will ich den Raum verlassen.

»Gute Nacht, Mädchen.« Herr Bötticher versucht zu lächeln. Ich knie mich hin und nehme ihn vorsichtig in die Arme; jede feste Berührung tut weh.

»Drücken Sie mal zu«, sage ich. Und er drückt, so fest er kann. Er weint.

»Danke, Mädchen. Mann, was war ich für ein wilder Bursche. Damals, in Russland.«

»Wie alt waren Sie denn da?«

»Fünfundzwanzig.«

»Fünfundzwanzig. So alt wie mein Bruder …«

»Zwei Jahre war ich in Russland. 750er BMW-Boxermotor; damit bin ich durch Russland gepest. Mit Funkstation und allem hintendrauf. Und habe geballert. Dann drei Jahre Kriegsgefangenschaft. Ich weiß noch, wie ich nach Hause kam.«

»Mit dreißig Jahren.«

»Ja. Mit dreißig. Weißt du, ich hatte schon einen Sohn. Der war drei Jahre alt gewesen, als ich in den Krieg musste. Und dann bin ich nach Hause gekommen. Ich habe geklingelt. Und ein schöner, großer Junge von acht

Jahren öffnet die Tür. Ich war so glücklich. Ich habe ihn hochgehoben und gerufen: ›Du bist mein Sohn!‹ Er hat geschrien.«

Er schaut in die Vergangenheit. Ein runzliger, von Altersflecken übersäter Körper. Der sich nicht einmal drehen kann. Und der doch gerade erst ein wilder Bursche war.

6. Januar

Herr Bötticher streckte die Hand aus. Unsicher gab ihm das Mädchen die ihre. Er winkte einen Jungen zu sich heran. Die Erwachsenen im Hintergrund schoben ihn mit sanfter Gewalt zu dem alten Mann, der sichtlich bewegt in seinen Kissen lag.

Zwölf Sternsinger drängten sich in dem kleinen Zimmer.

»Ich hab' was für euch«, sagte Herr Bötticher. Er zog Schokolade unter seiner Bettdecke hervor. Die Kinder grinsten verstohlen.

»Was sagen wir?«, fragte die Kindergärtnerin.

»Danke!«, riefen sie.

»Los, Marie, du bist dran«, sagte eine Frau und gab dem kleinen Mädchen einen Schubs. Langsam ging es zu dem Bett und streckte dem Mann den selbst gebastelten Pappstern entgegen.

»Na, sag' schon«, flüsterte es in ihrem Rücken. Sie sah ihn verlegen an.

»Dieser …«, diktierte die Kindergärtnerin.

»Dieser«, nuschelte Marie. Stille.

»Stern«, fuhr die Frau fort.

»Stern.« Marie starrte auf ihre Füße.

»Soll für dich strahlen.«

»Soll für dich strahlen«, wiederholte sie schnell und stellte sich zu den anderen Kindern.

Das war zu viel. Die Erwachsenen schleusten ihre Sprösslinge hinaus, als der wilde Bursche anfing zu weinen.

»Es war so schön«, schluchzte er. »Das hat mir gutgetan. Und immer muss ich weinen. Ich habe doch gar keine Tränen mehr.«

Die Atmosphäre, die von der einen Stunde Sternsingen im Hospiz hängen blieb, kann ich nicht in Worte fassen. Ein großer Schub an Leben schwappte durch die Flure und schob den Tod beiseite. Kein Grübeln. Kein Sinnieren. Einfach singen. Es tat gut, Kinder an diesem Ort zu sehen.

Den Rest des Tages summte ich.

»Ich mache Ihren Beutel noch mal leer«, kündigte ich an.

»Du meinst aber den hier, oder?«, sagte Herr Bötticher schelmisch und tippte an seinen Urinbeutel.

»Sie versauter Mensch.« Er lachte. »Versauter Mensch! Du darfst das sagen. Ja, *du* darfst das sagen.«

Die Fäkalienspüle verkündete röhrend, dass ich meine Schuldigkeit getan hatte; der Mann war für die Nacht versorgt. Ich ging trotzdem noch einmal zu ihm.

Schwester Christine kam. »Flo, hilfst du mir bitte?« Ich stand auf.

»Das Mädchen hier«, rief der wilde Bursche Christine hinterher, »die Flo, die ist meine beste Freundin.«

Ich blieb in der Tür stehen.

»Zündest du mir heute Nacht eine Kerze an?«, bat er. »Damit ich schlafen kann.«

»Versprochen.«

»Du denkst an mich. Und wenn ich tot bin, wirst du auch noch an mich denken. An den Herrn Bötticher. Kommst du mich dann mal besuchen?«

Ich runzelte die Stirn.

Er grinste schelmisch. »Auf dem Alten Friedhof. Hier direkt um die Ecke. Ich hab mir ein richtig Schönes ausgesucht. Unter einer alten Eiche.«

»Sie haben sich ein Grab ausgesucht?«

»Sogar den Grabstein«, fügte er stolz hinzu. »Nicht billig. Und wird 'ne Menge Arbeit machen. Aber ich hab' so liebe Enkel – die erledigen das schon. Ich verspreche dir, das wird ein tolles Grab. Kommst du mich dann besuchen? Ich lasse auch die Sonne scheinen, wenn du kommst.«

»Glauben Sie, dass Sie das können?«

»Och, ich werde die im Himmel schon auf meine Seite kriegen, wenn ich mal oben bin. Also, was ist: Kommst du?«

10. Januar

»So, ich muss gleich Frau Linke umziehen. Wer macht das mit mir?«, fragte Agnes. Ich hing heute an ihrem Rockzipfel und sollte mich um nur drei Zimmer kümmern. Für Frau Linke war ich auch eingeteilt. Frau Linke, die vor einigen Wochen gekommen war. Der es gut ging. Die kaum Hilfe brauchte. Deren Atmung sich gestern Abend ein bisschen verschlechtert hatte. Und die am Morgen gestorben war. Einen so leisen, leidlosen Tod habe ich noch nicht erlebt.

»Ich helfe dir natürlich«, sagte ich. »Ich bin für sie zuständig.«

Agnes sah mich misstrauisch an. »Aber nicht, dass du laut in Tränen ausbrichst.«

»Wieso sollte ich? Ich kannte sie doch kaum.«

»Wollte ich nur mal prophylaktisch anmerken …«

»Ich würde gerne mal einen Gast umziehen. Ich habe es noch nie gemacht.« Den anderen FSJlern wurde es nach ein paar Wochen zugetraut. Aber Flo ist nicht stabil genug.

Agnes' Sorge um mich ließ nicht nach. »Traust du dir das wirklich zu?« Schließlich nahm sie mich stirnrunzelnd mit.

Aus Frau Linkes Mundwinkel lief braune Flüssigkeit. Wir zogen sie um. Ich musste sie hart anfassen.

»Ich hoffe, ich habe Ihnen nicht wehgetan«, entfuhr es mir.

»Florentine, die ist tot.«

Mehrmals fragte sie: »Wie geht es dir?«

Mehrmals sagte ich: »Gut.«

Und mehrmals vergewisserte sie sich: »Wirklich?«

Es ging mir wirklich gut. Und dass ich keine Träne verdrücken würde, war für mich von Anfang klar gewesen.

Ich werde vielleicht noch unsensibel. Aber: Ich will es erst werden.

Kurz darauf setzte sich Agnes neben mich. »Und? Wie geht es dir?«

»Gut.«

»Wirklich?«

Herrn Bötticher ging es so schlecht, dass er jede Pflege ausschlug. Ich spinkste kurz in sein Zimmer.

»Hoffentlich wirst du nicht so alt wie ich«, sagte er. »Ihr«, er zeigte zur Decke, »ihr habt da oben einen Sonderplatz reserviert.« Er winkte mich heran.

»Komm mal her, Mädchen.« Und steckte mir mit zittriger, von Gicht aufgequollener Hand einen Fünf-Euro-Schein in die Tasche. »Du bist ein gutes Mädchen.«

Ich bin umgeben von einer großen Familie. Aber die sitzt nicht im Schwesternzimmer.

Kaum war der Dienst zu Ende und ich wollte mich meinem Bett widmen, sagte Gülay: »Lena Kail kommt gleich.« Das ist die Frau, die mir die Stelle im Hospiz vermittelt hat und meine Ansprechpartnerin für alle Probleme sein soll. Ich hatte bisher keinen Kontakt zu ihr. Aber heute kam sie, um der Rolle einer Tutorin gerecht zu werden, sich über die Arbeit von uns FSJlern zu informieren und von eventuellen Schwierigkeiten zu erfahren. Das hatte ich völlig vergessen.

Eine Frau in den besten Jahren betrat den Erker der Harmonie, in dem Frau Söhnlein und wir Kinder schon mit vor Spannung pochenden Herzen warteten.

Sie blieb kurz in der Tür stehen. »Darf ich?«, fragte sie und lächelte süß.

Frau Söhnlein grinste sie an: »Aber natürlich!«

Alle lachten. Die Stimmung war auf dem Höhepunkt.

Frau Kail holte einen Notizblock und einen Kugelschreiber aus ihrer Tasche und stellte gewiefte Fragen, die mich nachdenklich machten: »Was lernt ihr denn hier?«

Johanna antwortete: »Wir lernen etwas fürs Leben. Geduld haben.«

Gülay antwortete:

»Sich zurücknehmen. Sich auf das Tabuthema Tod einlassen.«

Ich studierte die kleinen Bläschen, die in meinem Wasserglas aufstiegen.

»Wie gefällt es euch?«

Es wurde über eine Stunde lang darüber geredet, wie toll es ist. Dass alle eine große Familie sind. Dass es schwer ist mit den Sterbenden. Aber auch eine große Bereicherung.

Und Frau Söhnlein lobte uns. Plötzlich lobte sie. »Ihr arbeitet alle super«, hörte ich in fünf Monaten zum ersten Mal.

Frau Söhnlein betonte, wie wichtig eine gute, familiäre Atmosphäre im Team sei. Lobte das Hospiz. Wie toll es klappe. Wie begeistert alle Gäste und Verwandten seien. Eine außergewöhnliche, vorbildliche Einrichtung.

12. Januar

»Ich habe mich geändert.«

Das sagt Herr Corinth.

Ich war zum ersten Mal seit langer Zeit oben eingeteilt. Auf meinem »Lieblingsflur«. Da wohnen Menschen, die noch ein bisschen Leben ausstrahlen. Der obere Flur ist der hellste. Der Nachteil: Da wohnt auch Monsieur.

»Bitte nicht Herr Corinth«, betete Sebastian, der letzte Woche sein Freiwilliges Soziales Jahr begonnen hat. »Ich will den nicht wieder duschen.«

Seine Gebete wurden erhört. Ich durfte mich des Morgens zu Monsieur begeben. Ihm die Hausschuhe anziehen. Vorhänge aufziehen. Den Bademantel bringen.

»Nein, nicht den! Den hier auf dem Stuhl! Und mein Bett muss heute bezogen werden.«

»Heute?«

»Die Bettwäsche ist schon seit zehn Tagen drauf. Aber nimm meine eigene. Guck mal da in dem Schränkchen. Die braun-beige.«

»Das mache ich, während Sie beim Frühstück sind«, beschloss ich. Seine Anweisungen beim Bettenbeziehen im Nacken? Nein, danke.

Eine halbe Stunde lang war es ruhig. Dann hatte Monsieur die morgendlichen Telefonate abgeschlossen und den Notruf ausgelöst.

Monsieur saß am Waschbecken. »Gut, dann nimm mal alles mit, was wir brauchen.«

»Ich weiß nicht, was Sie brauchen«, entgegnete ich. »Ich habe Ihnen noch nie beim Duschen geholfen.«

»Oh Gott!«, brach es aus ihm hervor.

Als ich Frauke eine Viertelstunde zuvor die Wörter »Dusche« und »Corinth« gesagt hatte, hatte sie mich mitleidig angeblickt und mir den Rat gegeben: »Mach dein Ding. Lass dich nicht aus der Ruhe bringen.«

Ich zog dem mitgenommen dreinblickenden Herrn seine Badeschlappen an. Nahm seine Duschcreme für junge, makellose Haut. Und schleppte ihn Schrittchen für Schrittchen in die Dusche am anderen Ende des Ganges.

Er legte seinen Bademantel ab. Eine Badehose bedeckte sein Ein und Alles. Wasser an.

»Ja, nicht auf mich draufhalten! Das muss doch erst die richtige Temperatur haben! Oh, nein, viel zu heiß. Zu kalt. Zu kalt. Ein bisschen weniger.«

In Millimeterarbeit fand ich heraus, was Monsieur genehm ist.

»Jetzt machst du den Waschlappen im Waschbecken nass. Wieso muss ich dir das denn alles sagen?«

»Weil ich noch nie bei Ihnen war.«

»Aber das weiß man doch, wie man sich duscht!«

»Da haben die Menschen mitunter recht unterschiedliche Vorstellungen«, erwiderte ich. Zum Beispiel, dass die Dusche nonstop laufen und die kleine FSJlerin vollsprenkeln muss.

Meine Stimme war böse geworden.

Und Monsieur erinnerte sich: Er wollte sich doch ändern! Also sagte er: »Ach so. Das wusste ich nicht.« Schon mal ein netter Versuch.

Bei dieser Dusche war offensichtlich: Er lässt sich Dinge

abnehmen, die er kann. Ich musste ihm sogar die Finger waschen. Danach tapsten wir in sein Zimmer. Teures Deo. Teure Bodylotion. Anziehen.

»Hat doch gut geklappt«, sagte der Herr, der sich geändert hat.

Der Fernseher lief. Tagesschau. Ein Bericht über eine schwere Flut. Die Kamera zeigte überschwemmte Städte.

»Ich brauche noch meine Pfeife. Nein, nicht die große. Nein, nicht die kleine. Die mittelgroße da hinten.«

Der Moderator kommentierte: »Über zwei Millionen Menschen sind obdachlos. Es fehlt an Hilfsmitteln.«

»Ich brauche noch mein blaues Tuch um die Schultern«, sagte Herr Corinth. Er bekam sein blaues Tuch.

Bilder von Menschen, die verzweifelt nach Überlebenden suchten, tauchten auf. Der Kommentator: »Nun besteht die Gefahr schwerer Krankheiten.«

»Ich brauche noch meinen Kaffee. Aber nur ein halbes Stück Zucker!«

13. Januar

Schweigend löffelten die alten Damen ihre Gemüsesuppe. Plötzlich wurde Frau Gabriel blasser, als sie ohnehin schon ist. Sie sprang auf, so gut es eben ging. Ich half ihr, so schnell wie möglich ins nächste Badezimmer zu stolpern. Nicht alles landete im Klo.

»Pass auf, da ist was dran«, sagte sie leise, als ich ihre Hand nahm. Sie stand schwankend im Raum und suchte Halt.

»Das ist mir so was von egal.« Und ich griff nach ihrer

Hand. Lieber rieche ich ein paar Stunden lang nach Kotze, als einen geliebten Menschen umkippen zu lassen.

Frau Gabriel sagte mir: »Du wirst hier noch andere Frauen wie mich kennenlernen.«

Das bezweifle ich. Es wird hart, wenn sie geht. Meine Gesellenprüfung im Abschiednehmen. Auf die Meisterprüfung muss ich hoffentlich noch viele Jahre warten.

15. Januar

»Das darf ja wohl nicht wahr sein!«

»Die beiden?«

»Irre!«

Ein Flüstern und Gackern erfüllte das Schwesternzimmer noch lange nach der Übergabe. Die Akte von Frau Vogel lag den ganzen Tag über auf dem Tisch. Und immer wieder blätterten aufgeregte Schwestern darin, als versuchten sie, eine medizinische Erklärung zu finden.

Frau Keun kam um die Mittagszeit. In der Hand ein Strauß Rosen.

»Ich weiß schon, was Sie mich fragen wollen«, sagte sie und grinste. Ich stellte den Kaffee ab und sah sie möglichst ahnungslos an.

Sie zwinkerte Frau Vogel zu, die schwach in den Kissen lag und matt lächelte.

»Klingt wie ein blödes Gerücht, ne?«, fuhr Frau Keun fort. »Aber es stimmt: Wir werden heiraten.«

Sie stellte das gerahmte Foto von Frau Stöckl auf den Nachttisch zurück. »Ich habe sie gern gehabt«, sagte sie, und ihre Stimme zitterte. »Jahrelang sagt man: Morgen mache ich's. Bis man irgendwann nicht mehr kann. Ich will meine Zeit nicht mehr vergeuden. Ab morgen bin ich Frau Vogel.«

Sie fasste sich wieder. Ich stand in der Tür.

»Wir wären jetzt gerne …«, grinste Frau Keun.

»Natürlich«, sagte ich und verschwand.

Das gesamte Pflegepersonal ging an diesem Tag zufällig in Frau Vogels Zimmer. Und dennoch wollten die meisten es nicht glauben.

»Frau Keun!« Marga schüttelte den Kopf und nippte an ihrem Salbeitee, während sie Kreuzchen in die Dokumente eines Gastes kritzelte. »Diese biedere Frau?«

Ja, diese biedere Frau. Die mir vor einigen Wochen erst mit geschürzten Lippen von den außergewöhnlichen Lebenswegen ihrer Enkel erzählte: »Ich habe was Anständiges gemacht!«

Die nette Nachbarin, die mit einem Stück Schwarzwälder Kirschtorte zu Besuch kommt. Eine gelangweilte Witwe; wie aus dem Bilderbuch.

nebenbei

Haare

Ein schallendes Lachen drang aus dem Flur ins Schwesternzimmer.

»Ach, Frau Vogel ist von ihrer Trauung zurück«, hob ein vielstimmiger Chor an. Ich stand auf.

Im Flur war die Hospizleiterin Söhnlein. Sie unterhielt sich mit einer großen Dame, die in einem Rollstuhl saß. Aber wo war Frau Vogel? Ich hörte doch ihre Stimme …

Die fremde Frau wandte mir ihr Gesicht zu.
»Ach Gottchen!«, entfuhr es mir.
»Sehen Sie?«, sagte sie zur Leiterin. »Florentine erkennt mich wenigstens. Sie hat«, fuhr sie an mich gewandt fort, »sich mir gerade als ›Söhnlein‹ vorgestellt.«
Vor mir saß eine Frau mit langen, schwarzen Haaren. Mir wurde anders. Vor mir saß ein neuer Mensch. Er hatte andere Kleidung an. Er roch anders.
Fünf Minuten später ging ich auf ihr Zimmer. Ich sollte die höflichen Fragen à la »Einen Kaffee?« stellen. Mit einem komischen Bauchgefühl öffnete ich die Tür.
»Guten Tag, Frau Keun.«
Sie schüttelte energisch den Kopf: »Vogel. Ab heute bin ich Frau Vogel. Oder sagen wir: Rita.«
Und auf dem Bett saß …
»Ich heiße Ulrike.« Frau Vogel lächelte. Ich sah genau hin; doch, die Kleidung war tatsächlich dieselbe, die sie noch vor fünf Minuten getragen hatte. Aber die Perücke lag neben ihr.
»Tragen Sie die jetzt öfter?«, fragte ich vorsichtig.
»Ich glaube nicht.«
»Darf ich Ihnen etwas sagen?«, sagte ich hastig.
»Ja?«
»Ich hoffe, es klingt nicht unhöflich, wenn ich das sage …«
»Ja?«
»Ich finde Sie ohne Perücke um Welten schöner.«
Sie wechselte mit Rita vielsagende Blicke.
»Keine Sorge, das ist nicht unhöflich«, beruhigte sie mich.
»Ich hätte nie gedacht«, meinte ich, »dass einer Frau

eine Glatze so unglaublich gut stehen kann. Sie sehen ohne Perücke um zehn Jahre jünger aus.«

»Ich hatte Sie nur für Rita noch einmal angezogen. Sie wollte mich mal wieder so sehen, wie sie mich jahrelang gekannt hat.«

»So kenne ich sie«, fügte Rita hinzu. »Das ist die Frau, in die ich mich verliebt habe.«

»Wie steht mir das?«, fragte Ulrike und zog den schwarzen Schal um ihren Kopf. »Sieht aus wie ein Kopftuch, oder?«

»Ja. Aber es steht Ihnen ausgezeichnet.«

»Wie die Leute mich angestarrt haben!«

»Wo?«

»Auf dem Standesamt«, antwortete sie. »Hier guckt mich keiner deswegen an. Aber in der Stadt – es ist zum …« Sie hielt inne.

»Kotzen«, sagte ich.

»Ja.«

»Fühlen Sie sich gedemütigt?« Ich fragte so langsam und leise als möglich. Ich wollte es so gerne wissen, obwohl ich wusste, dass es eine sehr persönliche Frage war.

»Gedemütigt? Nein. Dazu habe ich genug Selbstbewusstsein. Das bin nun mal ich. Aber bei diesen Temperaturen«, sie strich sich über den Kopf, »da brauche ich das Kopftuch.«

»Ist es sehr kalt?«

»Es ist schon unangenehm.«

Ich habe hier einige kahlköpfige Frauen kennengelernt. Jedes Mal, wenn sie ihre Toupets aufsetzten, wurden sie

lebendiger. Wenn sie die letzten grauen Strähnen überdeckten; dann wurden sie weiblicher.
Vor mir sitzt aufrecht eine strahlende Frau. Mit einer ebenso strahlenden Glatze. Kein einziges Haar ist übrig geblieben. Es wird nie wieder eines wachsen. Und sie ist umwerfend schön.

23. Januar

Wie sich ein Gesicht in vier Tagen verändern kann!

»Wann hast du dein nächstes Vorsprechen an einer Schauspielschule?«, fragte Frau Gabriel.

»Vielleicht Mitte Februar«, antwortete ich.

»Dann bin ich nicht mehr da.«

Sie hat recht. Ich habe letzte Nacht bereits von ihrem Tod geträumt. Doch als ich heute ihr Zimmer betrat, erschrak ich. Ihr Gesicht ist eingefallen. Ihre Falten sind tiefer geworden. Die Augen fallen langsam zu.

»Ich muss auf Toilette.« Nun braucht sie dabei Hilfe. Ich sah, wie unangenehm es ihr war.

Ins Wohnzimmer kommt sie natürlich nicht mehr. Ich werde nie mehr Backgammon mit ihr spielen. Letzte Woche war unsere letzte Partie. Sie hat mich gnadenlos abgezogen. Ein würdiges Finale. Vielleicht ist sie in zwei oder sogar in einer Woche schon nicht mehr da. Das hoffe ich ehrlich gesagt. Dass es schnell geht. Aber nächste Woche muss ich zum zweiten Seminar fahren. Bitte, Nora, nicht in dieser Zeit! Es wäre furchtbar für mich, wenn sie sterben würde, während ich Prinzesschen und Bär spiele.

7. Februar

Ich habe mir den Dostojewski genommen.

Gestern war ich vom Seminar in meine Wohnung zurückgekommen. Die Spielchen waren doppelt schlimm für mich gewesen. Die ganze Zeit hatte ich gefürchtet, Frau Gabriel nicht mehr wiederzusehen. Heute Morgen hatte Sebastian mir eine SMS geschickt: »Frau Gabriel liegt im Sterben.« Ich rannte ins Hospiz. Die Vorstellung, mich nicht von ihr zu verabschieden, war unerträglich.

Schwester Agnes fing mich ab: »Du gehst da jetzt nicht mehr rein.«

»Warum nicht?«, fragte ich verblüfft.

»Sie liegt im Sterben.«

»Ich weiß. Deshalb komme ich ja …«

»Du gehst da nicht mehr rein, Flo!«

Doch Schwester Yvonne erlaubte es mir. Ich durfte auf Zimmer 10 gehen.

»Da sind Sie ja endlich!« Ihr Mann ließ mich am Bett Platz nehmen. Er lächelte mich an. Uns wurde zwar gesagt, man solle Sterbende nicht so viel anfassen; aber ich musste einfach ihre Hand nehmen.

»Wissen Sie noch; Sie sagten mir, ich dürfe den Dostojewski nehmen, wenn Sie sterben. Das mache ich jetzt, o. k.?«

Sie schlug die Augen auf und blickte mich an.

Ich nahm das Buch. »Es war toll mit Ihnen.«

Das war mein Abschied.

8. Februar

Nora Gabriel ist tot. Als ich es erfuhr, bat ich um eine Pause. Ich ging vor das Hospiz. Luft!

Später besuchte ich Nora. Sah ihr lebloses, schlaffes Gesicht. Das vor ein paar Tagen noch gelacht hatte. Es kam mir unfassbar vor. Dass dieser Mensch plötzlich weg ist. Einfach so. Nun lag sie da, in ihrem schönsten Kostüm. Ich küsste sie auf die Wange. Schwestern kamen herein und fragten, warum ich mir das antue. Ich habe es mir nicht angetan. Ich habe es mir geschenkt.

Erst als ich heute das Buch in meiner Wohnung durchblätterte, fiel mir auf, was sie mit zittriger Hand auf die erste Seite geschrieben hatte: »Wenn du mal traurig bist, dann musst du immer daran denken: Die Nora will, dass ich lache. Und wie wir zusammen gelacht haben.«

Visite vom 03. Februar

Frau Gabriel: möchte bewusst sterben. Lebensverlängernde Maßnahmen lehnt sie ab.

Ein beneidenswerter Tod. Sie hatte eine harte Krankheit, die zuschlägt, und es ist vorbei – sofern man nichts tut. Nora hätte noch Tage, vielleicht noch Wochen leben können; wenn sie sich mit Schläuchen und Medikamenten abgefunden hätte. Aber auf dieses Leid konnte sie verzichten. Hut ab!

9. Februar

Um dreizehn Uhr fand die Abschiedsfeier für Frau Gabriel statt.

»Frag erst die Angehörigen, ob du teilnehmen darfst«, sagten die Schwestern mit besorgten Mienen.

»Habe ich schon gestern Abend«, entgegnete ich. »Sie erlauben es mir.«

Die Schwestern wechselten ungläubige Blicke.

»Haben *sie* das dir gesagt? Oder hat es dir nur jemand weitergegeben?«

»Nein. Sie haben es mir ins Gesicht gesagt.«

»Wirklich?«

»Ja. Sie haben es mir ins Gesicht gesagt.«

»Bist du dir sicher?«

Seufzend, mit zusammengekniffenen Lippen, gestatteten mir die Schwestern, an der Feier teilzunehmen. Doch eine Viertelstunde vor Beginn wurde ich angehalten, zu Schwester Agnes zu gehen; sie wolle mir etwas sagen.

»Ich werde mich mit dir an die Tür stellen. Damit wir, wenn du weinst, unauffällig rausgehen können. Du bist nah am Wasser gebaut. Diese Feier ist für die Angehörigen. Du bist nicht der Mittelpunkt.«

»Ich darf doch weinen!«, sagte ich fassungslos.

»Ja, aber halt dich zurück. Kein lautes Schluchzen oder so. Du bist schließlich keine Verwandte.«

»So ein unverschämtes Verhalten würde ich doch nie an den Tag legen!«

»Ich wollte es dir nur mal sagen. Und danach wirst du ganz normal weiterarbeiten. Denk dran: Du bist nicht der Mittelpunkt.«

Eine Freundin ist gestorben. Und die Schwestern behandeln mich wie eine Zeitbombe. Ein unreifes Mädchen, das sich selbst inszenieren, durch aufgesetztes Heulen in den Vordergrund spielen will.

Die Angehörigen versammelten sich vor dem Zimmer.

Agnes bedauerte, nie mit Frau Gabriel gespielt zu haben. »Ich wollte so gerne Backgammon von ihr lernen.«

Dazu hatte sie mehrere Monate Zeit.

Mit klopfendem Herzen ging ich ins Zimmer. Es gelang mir, mich von Agnes zu entfernen. Andreas hielt mich in den Armen, während ich heftig weinte.

Agnes machte eine geschickte Anmerkung, man solle nicht zu viel weinen.

»Tränen sind Blumen für den Himmel«, warf Herr Gabriel ein. Er war traurig, aber gefasst.

Zuletzt trat jeder an ihr Bett, um sich zu verabschieden. Agnes packte mich, um mich aus dem Zimmer zu ziehen. Ich entwand mich ihrem Griff und ging zu Frau Gabriel.

»So, jetzt trocknest du deine Tränen. Und dann: weiterarbeiten.«

nebenbei

Tränen

Ich gebe bei Google den Begriff *Lachen* ein: 10,8 Millionen Seiten. Und dann *Weinen:* 6,2 Millionen.
Ich schaue auf Wikipedia nach. Der Artikel über das Lachen ist gut fünfmal so umfangreich wie der über das Weinen. Man kann etwas über die Sozialbedeutung des

Lachens erfahren. Und über die des Weinens? Fehlanzeige.

Mein Leben bestand bisher vor allem aus Schule und Vorsprechen. Nach jedem Vorsprechen hinterließ ich eine Pfütze in einem Zug der Deutschen Bahn; wieder durchgefallen. In meiner Schulzeit kam ich häufig verheult nach Hause. Schlechte Noten. Blöde Lehrer. Niemals hätte ich eine Klassenarbeit absichtlich schlecht geschrieben, um noch mehr zu weinen. Aber als Frau Gabriel starb, ging ich in ihr Zimmer, obwohl ich wusste, dass ich weinen würde.
»Wieso tust du dir das an?«, wurde ich gefragt.

Es gibt zwei Gründe für meine Tränen. Zum einen den Alltag, der aus Fotos und Wunden besteht. Diese Tränen sind am härtesten. Aber ich will nicht auf sie verzichten. Fotos berühren mich. Die Menschen darauf sind oft so alt wie ich. An welcher Wand wird einmal ein Bild von mir hängen?
Wunden, einen aufgerissenen Rücken zu sehen, lässt mich weinen. Aber es würde mich weit mehr beunruhigen, wenn ich diesen Anblick mit einem Achselzucken ertragen könnte.
Und ich weine wegen der Menschen. Ich lerne die Gäste kennen, mit einigen freunde ich mich sogar an. Aber ich weiß ja, dass sie da sind, um zu sterben. Mir war klar, dass meine Freundschaft zu Frau Gabriel kurz sein würde. Ich kann für keinen Gast hoffen, dass er es »vielleicht noch schafft«. Es ist kein Bangen um den Tod, es ist das Wissen um ihn.

Warum weine ich eigentlich um Menschen? Ich weiß doch, dass sie sterben. Und je mehr ich einen Gast mag, desto erleichterter bin ich, wenn seine Akte aus dem Schrank verschwindet. Ich weine nicht wegen des Todes. Ich weine, weil ich jemanden vermisse. Ich glaube sogar, dass meine Tränen um Verstorbene größtenteils Erleichterung sind. Für sie, weil sie nicht mehr leiden. Und für mich, weil ich sie nicht mehr leiden sehen muss. Wenn ich mich vor die Tür setze, um einen Tod zu verkraften, dann ist das wie ein tiefer Atemzug.

Als es galt, eine Verstorbene zu waschen und anzukleiden, bot ich mich als Hilfskraft an.
»Aber nicht, dass du laut in Tränen ausbrichst.«
»Wieso sollte ich? Ich kannte sie doch kaum.«
»Wollte ich nur mal prophylaktisch anmerken …«
Ich wirke dumm. Wer akzeptiert hat, dass gestorben wird, weint nicht mehr.
Die Worte »aber nicht, dass du …« haben mich wütend gemacht. Abends wollten mir die anderen FSJlerinnen diese Vorsicht erklären. Ich fragte: »Selbst wenn ich geweint hätte; was wäre schlimm daran gewesen?«
Eine Antwort habe ich bis heute nicht erhalten.

Gülay redete über Herrn Felda, der sich so gut mit dem Tod abgefunden hätte und gut darauf zuginge, im Gegensatz zu Leuten, welche »noch nicht so weit« seien, wie Frau Heide, die manchmal weint.
Wer weint, leidet. Und wer leidet, ist schwach. Ein Gast, der seine Angst zeigt, braucht Hilfe. Ein lächelnder Gast nicht.

Ist es nicht eine Stärke, weinen zu können?
Wer weint, wenn ihm danach ist, hat den anderen etwas voraus: Er schämt sich nicht seiner Gefühle. Er nimmt sie an. Er akzeptiert, dass er traurig ist. Er akzeptiert, dass er Angst hat. Wer war weiter: Herr Felda oder Frau Heide?

Tränen verbinden wir vor allem mit Trauer.
Wird bei einer Geburt nicht geweint?
Man kann aus Freude lachen, aus Liebe, Dankbarkeit, Erleichterung. Lachen tut gut.
Man kann aus Freude weinen, aus Liebe, Dankbarkeit, Erleichterung. Weinen tut gut.
Aber nicht in einem Hospiz. Wer an diesem Ort weint, trauert.

»Ich glaube, ich gehe nicht auf die Abschiedsfeier«, sagte Gülay heute Morgen. »Da könnte ich weinen.«
Ich ging auf die Abschiedsfeier und weinte.

10. Februar

Ich ahnte bereits vor Monaten: Der Abschied von einem geliebten Menschen wird mir verübelt. Ich bat Schwester Agnes um ein paar Minuten. Sie ging mit mir auf den Balkon.

»Ich finde es nicht in Ordnung«, fing ich an, »was du mir vor der Abschiedsfeier gesagt hast, ich sei nicht der Mittelpunkt. Das hat mich beleidigt.«

Und sie erklärte: »Wir haben viel über dich gesprochen …«

»Über mich gesprochen?«, fiel ich empört ein.

Sie gebot mir mit einer Handbewegung, still zu sein. »Was du da am Siebten abends gemacht hast, das war absolut daneben. Yvonne einfach aus einem Zimmer zu holen, nur weil du zu Frau Gabriel willst! Yvonne sagt, du hast dich unheimlich aufgeführt. Gesagt, dass Frau Gabriel im Sterben liegt. Das hat Frau Vogel gehört. Seitdem hat sich ihr Allgemeinzustand sehr verschlechtert.«

»Wieso sagt Yvonne mir das nicht?«

»Das wollte sie noch machen …«

»Das sind Dinge, die ich nie erfahren würde, wenn ich dich nicht um ein Gespräch gebeten hätte.«

»Und überhaupt«, fuhr sie fort, »dass du unbedingt in ein Sterbezimmer musstest – da waren doch Angehörige.«

»Ja und?«

»Das ist etwas taktlos.«

»Zehn Minuten später ging Johanna auch rein. Außerdem ist hier nicht irgendein Gast gestorben. Sondern eine Freundin.«

»Das war nicht deine Freundin.«

4

12. Februar

»Marianne!«

Eine laute Frauenstimme hallte durch das Hospiz. Die Gäste am Mittagstisch blickten auf.

»Marianne!«

Und warfen mir fragende Blicke zu.

»Marianne!«

Ich wusste, dass ich ihr nicht helfen konnte. Aber ich stand trotzdem auf. Damit die besorgten Gäste nicht das Gefühl bekamen, ihr würde nicht geholfen.

Ein Stockwerk höher stand eine Frau. In der einen Hand ihren Geigenkasten. In der anderen ihren Urinbeutel. Zwei Schwestern versuchten, sie auf ihr Zimmer zu bringen. Andere Menschen kamen.

»Was wollt ihr mit mir machen?«, rief sie verzweifelt. »Marianne!«

Sie konnte kaum stehen. Ihr Rock rutschte wieder und wieder herunter. Aber sie kämpfte gegen die Arme an, die sie halten wollten. Stolperte den Flur entlang. In eine Sackgasse hinein. Wieder zurück. Nur weg von diesen Menschen.

»Hilfe! Marianne!«

Die Hospizleiterin wurde böse: »Sie hören jetzt auf zu schreien! In diesem Haus leben kranke Menschen!«

Diese Argumentation beeindruckte die Frau wenig. Ich ging. Wenn sie etwas nicht brauchte, dann tausend verschiedene Gesichter um sich herum. Lange hörte man es im Flur rumoren. Schließlich saß sie auf einem Stuhl. Sebastian neben ihr. Und er redete über irgendetwas, Karneval und Kaninchenfleisch, um sie abzulenken. Das ging ein paar Minuten gut. Dann irrte sie wieder durch die Gänge.

Sie mag krank sein; aber Kraft hat die Frau. Sebastian konnte sie nicht halten. Zum wiederholten Mal rannte ich, um eine Schwester zu rufen. Ich wurde langsam wütend: Wieso lassen die zwei FSJler mit dieser Frau alleine?

Mit viel Mühe konnte man sie auf einen Stuhl im Wohnzimmer zwingen. Ich saß auch dort und sollte einem Herrn Essen anreichen.

»Um Gottes willen! Essen Sie das nicht!«, rief jemand. Ich blickte auf. Die fremde Frau schob sich ein Lutschbonbon samt Verpackung in den Mund. Ich stand auf und riss es ihr aus der Hand. Packte es aus. Aber ohne Papier hatte es keinen Reiz mehr für sie. Mein Herr stammelte. Ich ging wieder zu ihm.

»Nein, machen Sie das nicht! Florentine!«, schallte es schon wieder aus der anderen Ecke des Raumes. Und wieder musste ich zu der Frau rennen; sie hatte einen Porzellanengel in den Mund genommen und kaute darauf herum.

Ich wurde wütend. Da saß eine völlig verwirrte Frau im Wohnzimmer, ein Fall für die Psychiatrie, zusammen mit fünf anderen Gästen. Und wer aus dem Team war da? Florentine. Sonst niemand.

Ich rannte ins Schwesternzimmer: »Sie isst die Dekoration. Ich passe da nicht mehr auf. Das ist zu viel.«

Kurze Zeit später wurde sie wieder abgeholt; sie konnte nicht hier bleiben.

13. Februar

Frau Keun, also: Frau Vogel, kam. Als ich ihr Kaffee brachte, stand sie am Bett ihrer Frau, die in den letzten Zügen lag, und weinte. In der Hand hielt sie das Foto von Frau Stöckl.

Ich ging ins Wohnzimmer und ließ mich neben Sebastian auf einen Stuhl fallen: »Das ist schon furchtbar bei Frau Vogel …«

»Furchtbar?«, fiel mir die Ehrenamtliche Muriel leicht spöttisch ins Wort. »Darum geht es hier doch. Das ist ein Hospiz«, fügte sie hinzu.

Das musste ich erst mal verdauen. »Natürlich. Darf ich nicht trotzdem manchmal betroffen sein? Hier wird schließlich gestorben.«

»Da gibt es aber noch ganz andere Fälle. Was ich schon gesehen habe …« Ein Monolog begann.

Sie musste angeben. Sich darin suhlen, was für furchtbare Dinge sie bereits gesehen und mit Würde ertragen hatte.

»Ich habe auch schon Schlimmeres gesehen«, erwiderte ich. »Aber auch ein leiser Tod ist und bleibt ein Tod. Und wenn eine Freundin weint, dann ist das furchtbar.«

Ich müsste mich schon längst daran gewöhnt haben. Aber es macht mich immer wieder fassungslos, wie man für Gefühle belächelt wird.

Es ist cool, abgehärtet zu sein und Wunden mit einem müden Gähnen zu ertragen.

14. Februar

Seit sie tot ist, träume ich jede Nacht von Frau Gabriel. Das ging letzte Woche los, als ich mich im Traum mit der strahlend schönen Nora unterhielt und gleichzeitig dachte: »Die ist doch tot. Wie kannst du jetzt mit ihr reden?«

Letzte Nacht träumte ich wieder von ihr. Sie stand mit mir auf der Straße vor dem Hospiz und sagte immer wieder: »Ich geh mal Staub wischen.«

Sie tat so, als wolle sie Staub wischen; aber ich wusste, dass sie meine Seele sauber wischen wollte. Und ich wusste, dass sie es konnte. Ich freute mich darauf.

nebenbei

Tote Worte. Tote Zahlen

Frau Gabriel ist weg. Ich weine; es ist unfassbar.
Ich schreibe ihren Namen nicht mehr. Vier Monate lang schrieben meine Finger jeden Abend mehrmals diese Buchstabenfolge in mein Tagebuch: G-A-B-R-I-E-L. Das ist vorbei. Ein paar Mal werden sie es noch tun, um sich zu erinnern.
Wie viele Namen schreibe ich nicht mehr! Täglich entstand Frau Stöckl auf dem Papier. Und jetzt ist es seltsam, diesen Namen wieder zu formen. Der seit Wochen tot ist. Vor kurzer Zeit noch atmeten diese sechs Buchstaben auf Zimmer 2. Jetzt sind sie nur noch … Buchstaben. Die ich selten schreibe.

Dass ein Gast, der lange hier war, weg ist, fällt mir mehr auf als anderen. Denn dieser Gast war jeden Abend bei mir. Frau Stöckls Gesicht schrieb ich auf. Und plötzlich gehört sie nicht mehr dazu. Ich schreibe sie nicht mehr. Sie hat nicht nur das Hospiz, sie hat mein Zimmer verlassen.
Bei vielen Gästen fällt es mir kaum auf; ich habe sie selten geschrieben. Aber es gibt diese zwei Namen: Gabriel und Stöckl. Die waren so alltäglich wie das Datum, wie die Absätze, wie die Tausenden von »und« in meinem Tagebuch. Jetzt sollen die einfach weg sein? Mit unter der Erde? Ausgelöscht im Krematorium? Und andere Namen kommen. Die sie ablösen. Aber sich anders anfühlen.

Ein schriller Ton klingt viermal. Ich gucke auf meinen Piepser: 8. Frau Koch. Ein schriller Ton klingt viermal. Ich gucke auf meinen Piepser: 10. Frau Gabriel. Nein, da stimmt etwas nicht. Auf Zimmer 10 liegt ein anderer Mensch. Die Zahl, die mich vier Monate lang aufspringen und losflitzen ließ, sieht anders aus.
Auf Zimmer 2 starb letzte Woche Frau Irgend. Ist heute Frau Jemand eingezogen. Aber wenn mein Piepser 2 anzeigt, dann gehe ich zu Frau Stöckl. Noch immer.

16. Februar

Die Frühstückspause begann mit Brötchen und Kaffee. Und dann? Die halbe Stunde Pause, die mir zusteht, nutze ich gewöhnlich bis zur letzten Sekunde aus. Auf dem

Boden in der Ecke lag eine Plastiktüte. Darin: Die halb fertige Häkelspitze. Aber Florentine rührte sie nicht an. Wieso?

»Morgen bringe ich auch mein Strickzeug mit«, hatte Agnes spöttisch gesagt und die Häkelspitze mit einem Kennerblick betrachtet. Es war kurz nach der Übergabe. Wie jeden Morgen saß das Team im Schwesternzimmer. Jede vor sich den Kaffee, den sie nachdenklich schlürfte, während sie den Worten der Nachbarin lauschte. Über Heim, Herd und Kinder. Ich hatte vor mich hin gehäkelt und war beim ersten Piepsen aufgesprungen. Nun hatte ich Herrn Corinth versorgt und wurde mit Agnes' Worten im Schwesternzimmer begrüßt. Ich nahm sie ernst.

»Ja? Schön!«, antwortete ich ihr.

»Das machst du bitte nicht mehr«, wandte sich mir eine ernste Marga zu.

»Wieso nicht?«, fragte ich überrumpelt.

»Im Dienst macht man doch keine Handarbeiten!«

»Ihr trinkt alle euren Kaffee«, erwiderte ich. »Und das ist mein Kaffee. Ich hatte es mir nur für die Pause mitgenommen.«

»Das glauben wir dir«, sagte Agnes.

»Das ist nichts gegen dich«, fügte Marga schnell hinzu.

»Aber lass es«, stimmten sie im Chor an.

»Warum?«, fragte ich erneut.

»Das ist nichts gegen dich.«

»Lass es einfach.«

»Woanders darf man das auch nicht. Das ist nun mal so.«

»Also, bring das nicht mehr mit. Auch nicht für eine Pause.«

»Wo ich vorher gearbeitet habe«, erzählte Agnes mit mitleidig verzerrter Miene, »war auch eine Schwester, die immer gestrickt hat. Mit der konnte man in den Pausen gar nicht reden, weil die dauernd über ihren Pullis hing. Ich finde so was blöd.«

»Lass es einfach.«

Ja, woanders ist es noch strenger. Und daran gewöhnt man sich. Und irgendwann wirst du lernen, dich zurückzuhalten. Sagen erfahrene Gesichter, die schon viel Leid gesehen und viele Dankesbriefe erhalten haben.

Das stimmt. Sie sind erfahrener, sie haben sich an alles gewöhnt, sie wissen, wie es »nun mal ist«. Mir fällt auf, wie wenig mir mein Alter gegönnt wird. Das ist wahrscheinlich in einem Großteil deutscher Betriebe so.

Ich bin zwanzig Jahre alt. Ich bin in dem Alter, das gerne belächelt wird. »Ja, da hat man noch Hoffnung.« – »Da meint man, etwas bewegen zu können.« – »Da versucht man's noch.« So ist es. Junge Menschen ticken anders als ältere. Nicht besser, nicht schlechter. Einfach: anders.

Mir wird nicht zugestanden, dass ich lernen kann. Und zwar ohne Tafel, sondern durch Zeit. Nein, Zeit wird einem nicht im Mindesten zugesprochen. Wir sollen jetzt schon so ticken wie Fünfzigjährige. Jetzt schon genau den gleichen Kaffee trinken. Und jetzt schon denken: »So ist es nun mal.«

Dagegen sträube ich mich. Und ich hoffe, dass ich mich dafür nie belächeln werde.

17. Februar

Dr. Raatz hatte seine wöchentliche Visite beendet.

Annika Starke, die Schwester eines Gastes, stand im Flur und starrte auf das Parkett. »Es wird nicht mehr lange dauern«, sagte sie leise. »Der Arzt sagt, vielleicht schon in ein paar Tagen.«

Ein paar Minuten später saßen wir mit einem Kaffee auf dem Sofa.

»Es ging alles so schnell«, erzählte sie. »Vor ein paar Monaten erst hat sie es erfahren: Creutzfeldt-Jakob.«

Irgendetwas in mir horchte bei diesem Namen auf. Ich kannte ihn. Ich hatte ihn schon oft gehört. Aber wo?

»Du erinnerst dich vielleicht«, fügte sie hinzu. »Ist schon ein paar Jahre her, da war in den Medien so ein Hype um BSE.«

»Rinderwahn, oder?«

»Genau. Der macht Creutzfeldt-Jakob.«

Sie stand auf. »Ich geh mal lieber zu ihr.«

Erst als Annika sich abends verabschiedet hatte, gingen ich und eine Schwester in das Zimmer von Bea Starke, um sie zu versorgen.

BSE. Macht irgendeine dumme Krankheit, die genau wie eine Erkältung nach ein paar Tagen weg sein wird. Reiner Medienrummel. Hatte ich gedacht.

»Wenn sie diese Sonde nicht bekommen hätte, wäre Bea schon vor Monaten gestorben«, sagte die Schwester.

Eine blonde, kurzhaarige Frau lag im Bett ... nein, »Frau« ist das falsche Wort. Darunter stelle ich mir immer jemand Älteres vor.

Ein blondes, kurzhaariges Mädchen lag im Bett. Sie hatte die Augen geöffnet, aber sie blickte uns nicht an. Sie starrte ins Nichts. Aus ihrem Bauch führte ein Schlauch zu dem Beutel mit beigefarbener Flüssigkeit.

Sie war leicht. Trotzdem fiel es mir schwer, sie zu wenden; ihr ganzer Körper war verkrampft. Sie wehrte sich nicht. Manchmal röchelte sie leise. Ein paar Tage sollen ihr noch bleiben? Das Wochenende werde ich freihaben.

»Danach wirst du sie nicht wiedersehen«, sagte Schwester Christine.

18. Februar

»Zehn Uhr.« Gülay schielte auf die Wanduhr und warf mir einen flehenden Blick zu. »Heute bist du dran.«

»Was?« Ich sprang auf. »Aber es ist schon zehn!«

Gülay grinste verstohlen. Sie schob mir den Becher mit den Medikamenten zu. »Toi, toi, toi.«

Ich rannte den Gang entlang. So leise wie möglich öffnete ich die Tür.

»Ach, kommt mal jemand.« Herr Corinth hatte sich bereits auf die Bettkante gesetzt und tippte ungehalten auf seine Armbanduhr. »Zu gütig.«

»Entschuldigen Sie, ich …«

»Hilfst du mir vielleicht mal?«, rief er. »Was ist mit meiner Medizin?«

Ich reichte ihm das Becherchen. Mit zittrigen Fingern versuchte er, die Tabletten herauszunehmen. Der Becher fiel hin. Die Medikamente verteilten sich auf dem Boden.

»Das darf doch wohl nicht wahr sein!«, rief er. »Da, die Kapsel! Unterm Bett, Mädel. Die braune. Jetzt denk doch mal mit!«

Ich kroch auf dem Boden herum und versuchte, die Tabletten wieder einzusammeln.

»Die hätte ich schon vor einer halben Stunde nehmen müssen!«

»Ich weiß«, begann ich wieder. »Bitte entschuldigen Sie …«

»Neun Uhr dreißig. Das kann doch nicht so schwer sein.«

Neun Uhr dreißig. Die heilige Uhrzeit. Die Uhrzeit, zu der uns nur ein Gast im Hause interessieren darf: Herr Corinth.

»Ja, ja, lasst ihn nur verrecken«, fluchte er und würgte die braune Kapsel mit Multivitaminsaft herunter. »Bah!« Er versuchte, die Flasche zu nehmen. Seine dürren Finger konnten sie nicht halten. »Sag mal, Mädel: Wann ist das Teil geöffnet worden?«

Ich nahm die Flasche und suchte nach dem Datum, das eine müde Schwester mit Kuli auf das Etikett gekritzelt hatte. »Vorgestern.«

»Vorgestern? Das darf ja wohl nicht wahr sein; ich trinke vergammelten Saft!«

Er griff nach seinem Stock und tapste unsicher ins Bad. Mit zusammengekniffenen Lippen stand er vor dem Spiegel und zupfte seinen Schnauzbart zurecht.

»Mach schon mal das Bett!«, rief er. »Es ist Sonntag!«

Ich wusste, was das bedeutete; seit er hier war, verlief jeder Sonntag gleich. Seit drei Monaten muss sonntags das Bett bezogen werden. Aber schnell! Denn schließlich muss man ihm auch helfen, sich schick zu machen. Man muss die Kissen auf seinem großen Rollstuhl neu beziehen. Und dann muss man ihn um Punkt zwölf in die Kapelle bringen …

Glaube

Jeden Sonntag um zwölf findet eine kleine Andacht in einer nahe gelegenen Kapelle statt.
Ein Ministrant will Teelichter anzünden.
»Nein!«, ruft Herr Corinth. »Die sind nicht geweiht!«
Er schickt mich ins Hospiz, um seine gesegneten Kerzen zu holen. Die drei Kerzen werden angezündet. Aber nicht zu lange; es sind schließlich gesegnete Kerzen.
Man spricht das Glaubensbekenntnis:
Ich glaube an […]
Vergebung der Sünden,
Auferstehung der Toten
und das ewige Leben. Amen.
Nach jeder Andacht erzählt Herr Corinth vom »Sich-Gott-in-die-Hände-Legen«, von seinem Pfarrer, von seinem Glauben. Dass er Gott vertraut. Gott ganz bestimmt vertraut.
Blumenumrankte Kreuze stehen auf jedem Tisch in seinem Zimmer. In zierlichen, goldenen Bilderrahmen prangen kunstvoll geschriebene Sätze wie: *Der Herr ist mein Hirte.*
Ist das Gläubigkeit? Ist das Gottvertrauen?
Frau Maus hielt ihren Rosenkranz von morgens bis abends fest umschlungen. Und sie betete. Tagein, tagaus.
Beten diese Menschen, weil sie auf Gott vertrauen? Oder weil sie auf Gott hoffen?

Bei manchen religiösen Menschen habe ich das Gefühl, dass ihnen ein inniger Glaube nicht gelingt. Wer an die Vergebung der Sünden, an das ewige Leben glaubt: Weint der, wenn er einen Sarg sieht?
Viele Gebete hören sich an, als seien sie nicht nur ein Bitten um Vergebung der Sünden, sondern viel mehr: »Bitte, Gott, mach, dass es dich gibt!«
Frau Gabriel kann heute nicht kommen; sie ist im Himmel.

»Sei nicht traurig«, hatte sie kurz vor ihrem Tod gesagt. »Wenn du in den Himmel kommst, bin ich schon da. Ich warte an der Pforte auf dich.«
War das ein Scherz?
Frau Gabriel besuchte Andachten und hatte ein Kreuz im Zimmer hängen. Doch bei ihr kam etwas Besonderes hinzu: Sie hatte Humor.
Und so musste ich sichergehen: »Sind Sie gläubig?«
»Ja. Aber erst seit ein paar Jahren.«
Sie hatte sich bewusst für eine Religion entschieden. Sie redete nicht viel über Gott. In ihrem Zimmer hingen keine Bibelsprüche. Aber sie war die gläubigste Person, die ich bisher kennengelernt habe. Wenn ich sie darauf ansprach, erzählte sie gerne; von selber kam sie nie auf dieses Thema.
Ihr Glaube war im Raum, ohne dass man ihn aussprechen musste.
»Wenn ich am Kaffeetisch über den Tod reden will, werden plötzlich alle taub. Komisch«, sagte sie kichernd. Vielleicht war das ein Glaubensbekenntnis. Sie hatte keine Angst.

Der Pfarrer erwähnte heute, dass am frühen Morgen eine Dame aus der Gemeinde verstorben ist. Den Rest des Tages lag Herr Corinth zitternd im Bett und schluckte Tabletten.
Auf dem Nachttisch steht sein Bibelkalender: *Fürchtet euch nicht.*

24. Februar

Als ich das Hospiz betrat, sah ich zuallererst Annika. Sie saß Zeitung lesend im Wohnzimmer.

Sie bemerkte mich und legte die Zeitung weg. »Wo warst du?«, fragte sie. »Ich habe dich ewig nicht gesehen.«

»Ich musste letzte Woche auf ein Seminar.« Ich sah sie fragend an.

Sie schüttelte den Kopf: »Nein, Bea lebt noch. Der Arzt hat wohl falsch getippt.«

Wer weiß; wenn die Schwestern sagen: »Vielleicht wird Herr Corinth wieder entlassen«, dann kann es ebenso gut sein, dass dieser Herr Corinth in einem Monat tot ist. Der Tod und das Leben sind auch für erfahrene Menschen kaum vorhersehbar. Es wird wieder viel gestorben; auf mehreren Zimmern liegen bleiche, unansprechbare Menschen.

Die meisten Schwestern halten nichts von Gesetzen, denen der Tod und das Sterben folgen, wie Wochentage, Monde oder Jahreszeiten. Aber diese seit Dezember anhaltende Stimmung, die Frau Gabriel als Winterdepression bezeichnete, will nicht nachlassen. Ein Großteil der Gäste lebt in seiner eigenen Welt, in die er niemanden von außen hereinlässt.

Liegt es daran, dass ich schon länger hier bin und sich mein Blick verhärtet hat? Mir deswegen alles dunkler, abgeschiedener vorkommt? Oder ist es tatsächlich die Jahreszeit? Im September kamen die Menschen aus ihren Zimmern. Wollten in den schönen Park. Doch was soll an der Matsche, die sich momentan vor unseren Augen ausbreitet, schön sein? Ich liebe den Winter eigentlich. Aber ich bin gespannt auf den Frühling. Ich sehne ihn herbei. Ob sich dann etwas ändert?

25. Februar

»Ich muss gackeln«, sagte Frau Macke. Sie wollte aber mitnichten »die Laute von Hühnern« wiedergeben, wie mein Duden das Wort erklärt.

Ich half ihr auf den Toilettenstuhl, legte die Klingel neben sie und verabschiedete mich. Es war zehn nach sieben. Vor zehn Minuten hatte der Dienst begonnen; jetzt erst mal einen Kaffee trinken und aufwachen. Ich kehrte ins Wohnzimmer zurück, wollte die Zeitung aufschlagen … Es klingelte. Ich ging zu ihr.

»Ich bin aber noch nicht fertig.«

»Wieso klingeln Sie dann?«, fragte ich stirnrunzelnd.

»Ich habe nicht geklingelt. Was ihr nur immer mit dem Klingeln habt«, antwortete sie gereizt.

Ich ging ins Wohnzimmer. Setzte mich. Es klingelte: Zimmer 3.

»Haben Sie jetzt geklingelt?«

»Nein. Wirklich nicht.«

Ich ging ins Wohnzimmer. Ich guckte auf die Uhr. Dreißig Sekunden vergingen. Dann klingelte es: Zimmer 3.

»Ich habe nicht geklingelt.«

Ich wurde etwas ungehalten, als ich eine Minute später wieder rennen musste, um die verdammte Klingel abzustellen, deren durchdringender Ton für müde Ohren eine Folter ist.

»Ich habe nicht geklingelt.«

Und als ich das übernächste Mal zu ihr kam: »Ich bin noch nicht fertig.«

»Tschüs«, sagte ich nur und wollte auf dem Absatz kehrtmachen.

»Halt! Holen Sie mich runter«, rief sie mir zu.

»Ich dachte, Sie sind noch nicht fertig.«

»Es hat ja keinen Zweck. Ich kann nicht mehr sitzen. Bringt doch eh nichts.«

Ich versorgte die Frau. Ich half ihr beim Aufstehen, half ihr beim Umdrehen, half ihr, sich ins Bett zu legen, deckte sie zu, legte die Klingel in Reichweite. Nahm den Toiletteneimer und wollte rasch gehen.

Dann kam, was ich bereits befürchtet hatte: »Halt, Schwester!«

»Was ist denn?«

»Ich muss noch gackeln.«

Stumm half ich ihr wieder auf den Toilettenstuhl.

Ich ging ins Wohnzimmer. Es klingelte: Zimmer 3.

»Ich habe nicht geklingelt.«

Nach ein paar weiteren qualvollen Minuten löste mich Johanna ab.

Frau Macke nervt mich. Tut sie das absichtlich? Klingelt sie bewusst? Oder ist sie so verwirrt, dass es nebenbei passiert? Dass die Klingel fehlerfrei funktioniert, ist sicher;

sobald Frau Macke ihr Zimmer verlässt, bleibt es still auf meinem Piepser.

Wenn sie auf dem Toilettenstuhl sitzt, ist die Klingel neben ihr am Bett befestigt. Oft sogar so, dass sie sich ein wenig danach strecken muss; damit sie eben nicht aus Versehen drankommt. Sie muss sich zumindest ein bisschen verrenken, um sie zu erreichen. Und das soll zufällig passieren? Weiß sie, dass sie im Unrecht ist? Das sind so Fragen, die kommen nach einer halben Stunde Gerenne auf. In der halben Stunde kann einem Frau Macke leidtun, weil eine genervte FSJlerin ohne Rücksicht auf die Situation der armen Frau schließlich nur noch auf das Gerät an der Wand drückt und sich wieder umdreht.

Bleib einfach bei ihr!, wäre ein guter Ratschlag. Aber ich bin zu egoistisch, um morgens um sieben einer verbitterten Frau beim »Gackeln« zuzugucken.

26. Februar

Ich setzte mich neben Frau Macke. Begann, mich mit ihr zu unterhalten. Und merkte: Die Frau ist gar nicht so dumm. Sie wird immer nur nach ihrem Popo, ihren Füßen und ihren Träumen gefragt. Sie gilt als verwirrte alte Frau.

Ich fragte einfach: »Wer ist Ihr Lieblingsschauspieler?«

»Kennen Sie die Sissi-Filme?«

Ich grinste. »Aha. Der gute Kaiser Franz; Karlheinz Böhm, stimmt's?«

»Nein! Josef Meinrad. Der lustige Oberst.«

Wir redeten über Marilyn Monroe.

»Die ist ja ermordet worden!«

»Ermordet?«, wiederholte ich ungläubig.

»Natürlich. Und da waren die Kennedybrüder drin verwickelt. Hundertpro.«

Mit ihr zu reden war, als würde man eine alte Frauenzeitschrift aufschlagen und über die Artikel diskutieren.

Sie lebt mitnichten ausschließlich in der Vergangenheit, wie viele behaupten. Aber hauptsächlich. Natürlich; wie schlimm wäre es für alte Menschen, nur in der Gegenwart zu leben, die seit Jahren aus Tabletten und Kathetern besteht.

28. Februar

Zum ersten Mal sah ich Frau Macke umringt von Menschen. Vier Leute waren zu Besuch gekommen. Und die Frau in der Mitte, das sollte unsere weinerliche Dame von Zimmer 3 sein? Sie saß zwar versteinert wie eh und je zwischen ihren Angehörigen. Doch kaum richtete man das Wort an sie, wurde sie wach. Machte Witze. Lachte sogar.

Der Besuch ging. Als es abends piepste, musste ich nicht auf die Anzeige sehen, um zu wissen, wer Hilfe brauchte.

»Ich muss Pipi machen.« Während sie auf dem Toilettenstuhl saß, erfüllte ein langsames Tropfen den Raum. Nach ein paar Sekunden: »Fertig. Ich verstehe das nicht. Wieso kann ich nicht mehr Pipi machen? Früher kam alles raus. Wegen jeder Kleinigkeit bin ich zum Klo gerannt. Und jetzt klappt es nicht mehr. Warum?«

Sie legte sich wieder hin. Und ich war überrascht, als mir diese verbitterte Frau liebevoll mit der Hand über mein Gesicht fuhr.

»Ich wünsche Ihnen, dass Sie nicht so enden müssen wie

ich. Ich hoffe, dass Sie an Ihrem Lebensende nicht in solche Bedrängnis geraten. Wozu lebe ich noch?«

»Sie hatten doch heute Besuch«, erwiderte ich zaghaft.

»Ja, und?«

»Es war doch schön, oder?«

»Ja. Sehr schön.«

»Und diese Menschen haben sich sicher auf Sie gefreut.«

»Ach, nur dafür lebe ich?«

2. März

Frau Hiesel saß nur mit Unterhose bekleidet auf dem Bett.

»Irgendetwas stimmt nicht«, sagte sie und sah sich um. »Irgendetwas muss anders sein.«

»Wollen Sie sich anziehen?«, fragte ich vorsichtig. »Da hinten liegt Ihr BH.«

»Nee. Nee. Was soll ich denn jetzt machen?« Sie sah sich um. Erblickte den Stuhl und ... »Ach, da ist der BH ja! Geben Sie mir den mal. Wie viel Uhr ist eigentlich?«

»Viertel nach sechs.«

»Morgens.«

»Nein, abends.«

»Wie bitte? Wie viel Uhr haben wir?«

»Viertel nach sechs abends.«

»Wozu ziehe ich mich dann an?« Sie blickte mich ungläubig an. »Abends?« Sie hatte den ganzen Tag geschlafen. Wackelig stieg sie in ihre Hose. Sie saß auf einem Stuhl und starrte auf den Boden.

»Möchten Sie ein Oberteil anziehen?«

Sie starrte auf den Boden. »Ist es denn warm oder kalt?«, fragte sie.

Stefanie kam mit der Medizin herein. Frau Hiesel blickte sie verzweifelt an. »Ich verstehe gar nichts mehr.«

Stefanie setzte sich neben sie: »Es ist halb sieben. Halb sieben am Abend. Ich verwechsle die Zeiten auch schon mal. Es ist jetzt Abend.«

»Wozu ziehe ich mich denn dann an?«

»Sie können auch wieder ins Bett.«

»Nein, ich will auf den Balkon. Abend«, murmelte sie. »Ich will einen Kaffee.«

»Nichts essen?«

»Nichts.«

Stefanie ging. Frau Hiesel nahm ihre Medizin. Sah ihr Abführmittel. »Das habe ich doch gerade erst genommen.«

Sie saß auf dem Stuhl. Mit halb angezogener Hose, im BH. Sie starrte auf den Boden.

Ich legte den Arm um ihre Schultern. Sie fing an zu zittern. »Abend ist es schon …«

Als ich ihr den Kaffee brachte, saß sie auf ihrem Balkon und hielt mit wackeligen Fingern eine Kippe fest.

»Kann ich noch irgendetwas für Sie tun?«

»Für mich? Nein.« Sie starrte auf den Boden.

3. März

Ein schöner junger Mann, keine dreißig Jahre alt, ließ sich neben mich auf das Sofa fallen und schloss erschöpft die Augen. »Entschuldigen Sie – könnte ich einen Kaffee bekommen?«

»Natürlich.«

Ich ging in die Küche. Als ich zurückkehrte, stopfte er

ein Taschentuch in seine Hosentasche und zündete sich eine Zigarette an. Das ist eigentlich nicht erlaubt. Aber ich holte einen Aschenbecher von der Terrasse.

Er nickte mir höflich zu. Langsam schlürfte er seinen Kaffee. Er schüttelte den Kopf. Plötzlich, als wäre er aus einem Traum erwacht, wandte er sich mir wieder zu. »Ich heiße Tobias.« Er reichte mir die Hand. »Sind Sie neu?«

»Nein«, antwortete ich verdutzt. »Ich arbeite seit September im Hospiz.«

»Wirklich? Komisch, dass wir uns noch nicht begegnet sind.«

»Zu wem gehören Sie denn?«

»Zu Bea.«

Bea Starke liegt schon seit Wochen im Hospiz. Doch bisher hatte ich nur ihre Schwester kennengelernt.

»Wie viele Geschwister hat sie denn?«, fragte ich.

»Nur eine Schwester. Annika.«

»Und Sie.«

»Nein, ich bin nicht ihr Bruder. Ich bin ihr Mann.«

Zu spät brachte ich mich unter Kontrolle. Mein entsetzter Blick war ihm nicht entgangen.

»Ich hab sie lange Zeit im Stich gelassen. Ich habe es erst letzte Woche geschafft, hierherzukommen«, sagte er leise. »Ich schäme mich. Wir haben letztes Jahr geheiratet. Am 6. Mai. Wie man sich das vorstellt. Und das Haus wollten wir kaufen. Und Kinder haben. Drei Wochen lang. Dann war's aus mit den Träumen. Sie war immer ein Schatz. Sie hat allen geholfen. Sie selbst kam immer zum Schluss. Der soll so etwas nicht passieren. Bei mir und vielen anderen wäre das ja noch in Ordnung. Aber sie hat es nicht verdient. Es fällt mir schwer, an Gerechtigkeit zu glauben.«

Er stellte die leere Kaffeetasse auf den Tisch. Wir betrachteten das weiße Porzellan. Ich konnte nicht sprechen.

Er schüttelte den Kopf. »Nie wieder. Ich werde nie wieder heiraten. Sie ist die Einzige.«

4. März

»Wie heißen Sie noch gleich? Margarethe, oder?«

»Nein, Florentine.« Ich öffnete die Badezimmertür. Schritt für Schritt tapste Frau Macke hinein, den Blick fest auf ihre Füße gerichtet.

»Wie? Margarethe?«

»Nein, Florentine.«

»Ich habe vielleicht eine Nacht durchgemacht! Das können Sie sich nicht vorstellen. Unglaublich! Es war furchtbar.« Sie schilderte ihre Verdauungsprobleme detailliert. Ich hörte müde zu. Und heuchelte nicht einmal Interesse.

»Sie sind irgendwie anders«, bemerkte Frau Macke kopfschüttelnd.

Allerdings. Ich bewundere die anderen FSJler geradezu dafür, dass sie in fast jeder Situation höflich bleiben können. Johanna strahlt die Gäste an; da kann sie noch so großen Bockmist zu hören kriegen. Bei mir schiebt sich schon mal ein Vorhang vor mein Gesicht, wenn Menschen, und mögen sie auch todkrank sein, mich nerven. Bei vielen von ihnen schaffe ich es, ihn wegzuschieben; weil ich weiß, dass sie selber unter der Situation leiden. Aber dann gibt es so Menschen …

»Das dauert lange, bis wir zwei warm werden, Margarethe.« Sie sank auf die Kloschüssel. »Müssen Sie unbedingt hier bleiben?«, fragte sie.

Ich ging hinaus. Einige Sekunden später klingelte sie.

»Margarethe«, begrüßte sie mich. »Oder?«

»Nein, Florentine. Aber es ist nicht schlimm, wenn Sie mich Margarethe nennen.«

»Doch. Wenn ich den falschen Namen rufe, dann kommt niemand, Margarethe. Oder?«

»Florentine. Möchten Sie wieder ins Wohnzimmer?«

»Ja, muss ich wohl.«

»Sie müssen gar nichts«, erwiderte ich. »Sie können auch in Ihr Zimmer.«

»Aber wenn ich ins Zimmer gehe, bekomme ich nichts zu essen«, sagte sie bitter.

»Wie kommen Sie denn auf die Idee?«

»Das ist so! Ich bin ein armes Schwein.«

Gut, dann sei ein armes Schwein, dachte ich und entfernte mich so dezent und unauffällig wie möglich.

Ich erinnerte mich an Frau Stöckl. Wie es mir wehgetan hatte, von ihr genervt zu sein. Wie sehr leiden die Menschen? Wo ist die Grenze zwischen Leid und Selbstmitleid?

Von einem Todkranken zu denken: »Der soll sich mal nicht so anstellen«, ist ein Tabu. Zu Recht. Aber ich ertappe mich bei solchen Gedanken.

»Wenn Gäste euch beleidigen, dann nehmt das nicht persönlich. Sie befinden sich in einer außergewöhnlichen Lage, sind oft geistig verwirrt.«

Ein weiser Rat, der uns FSJlern schon oft erteilt wurde.

Frau Macke klingelte.

»Wann kriege ich denn endlich was zu essen? Ich warte schon ewig.«

»Ich war gerade dabei, Ihnen etwas zu machen …«, erwiderte ich müde.

»Vor einer Viertelstunde«, unterbrach sie mich, »haben Sie mir gesagt, dass es in einer Viertelstunde Essen gibt.«

»Ja. Und das wollte ich Ihnen gleich bringen.«

Sie stöhnte. »Wie lange dauert es denn jetzt noch?«

»Vielleicht fünf Minuten.«

»Na gut. Aber wenn es dann nicht da ist, will ich nichts mehr«, sagte sie trotzig.

Fünf Minuten später betrat ich mit einem Tablett ihr Zimmer.

»Na endlich!«, rief sie. »Ich hatte schon alle Hoffnung aufgegeben.«

»Was soll das?«, entfuhr es mir in gereiztem Ton.

Sie unterbrach ihr Stöhnen. »Was soll was?«, fragte sie.

»Sie kriegen alles, was Sie wollen. Wir versuchen, Ihre Wünsche so gut wie möglich zu erfüllen.«

»Das war nicht böse gemeint!«, warf sie schnell ein. Wie immer, wenn mir der Kragen platzt.

Ein paar Minuten später klagte sie mir auf dem Toilettenstuhl sitzend wieder ihr Leid. »Sie grinsen immer so. Als ob Sie mich verarschen«, sagte sie und stellte, als sie meinen bösen Blick auffing, wieder richtig: »Das war nicht böse gemeint.«

Sie klagt, dass niemand sie lieb habe, dass niemand ihr helfen wolle, dass wir sie verhungern ließen. Die anderen FSJler scheinen die Ausdauer zu haben, jedes Mal auf solche Behauptungen ein »Nein« und beschwichtigende Sätze folgen zu lassen. Solche Ausdauer legte ich auch an den Tag – bei Frau Stöckl. Doch bei dieser alten Schrulle, die Zimmer 3 unsicher macht …

»Drücken Sie Ihre Däumchen, dass diese Nacht besser für mich wird«, rief sie mir hinterher, als ich ihr Zimmer verließ. Ich wollte eine nette Antwort geben. Doch sie fügte hinzu: »Ach, es interessiert Sie ja eh nicht, wie's mir geht.«

»Wieso sagen Sie das?«, fragte ich scharf.

»Das war nicht böse gemeint. Ich glaube nur, dass ich Sie nicht interessiere.« Stille.

»Gut. Wenn Sie das sagen.« Nein, keine beschwichtigenden Worte.

5. März

Es ist nicht zu fassen: Herr Corinth ist gestern gestorben.

Als ich das Schwesternzimmer betrat und die Todesbescheinigung sah, glaubte ich zuerst an ein Missverständnis. Letzte Woche noch voller Optimismus; er wollte sogar einen Ausflug machen. Und jetzt – puff! – vorbei.

»Ist das wahr?«, fragte ich die versammelten Schwestern vorsichtig, »Herr Corinth ist tot?«

Stummes Nicken.

Ich plumpste auf einen Stuhl. »Das hätte ich nicht gedacht.«

»Was ist denn?«, fragte Frauke.

»Ich stehe leicht unter Schock«, sagte ich und lachte leise. »Dass das so schnell ging …«

»Flo«, wandte sie sich in beschwichtigendem Ton an mich, »der Mann war 90 Jahre alt!«

So schnell kann es gehen. Das freut mich.

Im Zimmer nebenan liegt Bea. Was sie durchmacht, hat mit Menschenwürde nichts mehr zu tun. Verkrampft liegt sie im Bett. Zuckt. Stöhnt. Röchelt.

»Letzte Nacht hätte sie sich fast erdrosselt«, erzählte eine Schwester. »Ich weiß nicht, wie sie das geschafft hat: Sie hat sich so komisch herumgewälzt, dass der Schlauch ihrer Sondennahrung sich um ihren Hals gewickelt hat.

Sie war schon blau angelaufen. Wir konnten sie gerade noch retten.«

Ja? Haben wir sie gerettet? Dieser Gedanke klingt brutal. Aber wäre es nicht besser gewesen, wenn die Schwester eine Stunde später das Zimmer betreten hätte?

6. März

»Kannst du mir helfen?«, fragte mich Bianca. »Ich will Bea in das Rollbett heben.«

Zu viert hoben wir die stöhnende, verkrampfte Frau in das fahrbare Bett. Drei Decken wurden über ihren nackten, nur mit T-Shirt und Unterhose bekleideten Körper gelegt. Ein Schal um den Kopf gebunden.

»Jetzt ab an die frische Luft!«, sagte Bianca. Und als wir sie auf den Balkon geschoben hatten: »Kannst du auf sie aufpassen, bis ihr Mann kommt?«

Ich setzte mich neben sie. Sie stöhnte. Mit meiner rechten Hand suchte ich ihren Arm, der irgendwo in den Tiefen des Deckenberges lag, und begann ihn zu streicheln. Mit meiner linken Hand strich ich über ihre Wange. Ich erzählte ihr Geschichten. Irgendetwas, was mir gerade einfiel. Eine winterliche Totenstille umgab uns. Bea war ruhig geworden, während ich mit ihr sprach. Ihr rasselnder Atem wurde leiser. Eine halbe Stunde lang streichelte ich ihre Schläfe und redete. Zwischendurch kamen verschiedene Schwestern, um nach dem Rechten zu sehen. Nein, in diesen anderthalb Stunden krampfte sie kein einziges Mal. Sie war nur still und schloss die Augen.

5

9. März

Noch nie habe ich in diesem Hospiz ein so unordentliches Zimmer gesehen. Als ich die Tür öffnete, stieß ich gegen etwas, das auf dem Boden lag. Ein Buch. Ich hob es auf.

»Herr Kroll? Hallo, ich bin Florentine, ich mache hier ein Freiwilliges Soziales Jahr.«

»Alaé mell nîn!«

Wie bitte? Ich blieb in der Tür stehen.

Herr Kroll grinste. »Im ring.«

»Was für ein Ring?«, fragte ich zaghaft. Warum hatte mich keine Schwester vor seinen neurologischen Störungen gewarnt? Schließlich kannte ich ihn noch nicht.

»Ihm ist kalt«, hörte ich in meinem Rücken. Erschrocken drehte ich mich um.

Der Arzt zwinkerte Herrn Kroll zu. »Mae govannen. Tûlon nîn nara Doktor Raatz«, stellte er sich vor. »Ich bin hier im Haus für die Visite zuständig.«

Herr Kroll nickte höflich. »Havo dad.«

Doktor Raatz nahm einen Stapel DVDs vom Stuhl und setzte sich.

»Was reden Sie da?«, fragte ich perplex.

»Wollen Sie ihm nicht eine Decke geben?«, erwiderte Doktor Raatz belustigt.

»Ihnen ist also kalt?«

»Mae«, antwortete Herr Kroll.

»Was soll das nun wieder heißen?«

»Ja«, erklärte Doktor Raatz.

Ich legte das Buch auf den Nachttisch und wollte die Wolldecke vom Sessel holen. Das ging allerdings nicht ohne Weiteres. Ein großer Schuber mit drei dicken Büchern lag darauf, umgeben von DVDs. Fantasy- und Science-Fiction-Filme lagen überall verstreut, auf dem Boden, auf Stühlen, der Kommode.

Ich betrachtete den Schuber. »*Herr der Ringe* ... sind Sie ein Fan?«

Herr Kroll und Doktor Raatz warfen sich vielsagende Blicke zu. Wieso antwortete er nicht?

Egal, ich war ohnehin aus einem anderen Grund hier: »Möchten Sie ein Stück Käsekuchen?«

Herr Kroll schüttelte den Kopf: »Amin fauka.«

»Kaffee?«, schlug Doktor Raatz vor. Er schien ihn zu verstehen. »Tee?«

»Salbeitee.«

Endlich ein normales Wort aus seinem Mund!

»Bringen Sie ihn bitte in einer Viertelstunde, dann bin ich fertig«, rief Doktor Raatz mir hinterher.

»Namarie.« Doktor Raatz hielt mir die Tür auf und verschwand.

Herr Kroll fuhr das Kopfteil seines Bettes hoch und legte seine Hände an den warmen Schnabelbecher, den ich ihm auf den Nachttisch gestellt hatte.

»Hanton le.« Er lächelte mich freundlich an. Mein unsicheres Grinsen ließ ihn glucksen. »Na gut, ich höre auf. Aber schön, dass euer Arzt mich versteht. Ist lange her, dass ich mich mit jemandem unterhalten konnte.«

»Woher kommen Sie denn?«, fragte ich.

»Na, aus Deutschland.«

»Aber diese Sprache …«

Er tippte auf das Buch, das ich vorhin auf seinen Nachttisch gelegt hatte.

»Elbisch«, las ich laut.

»Klingt schön, nicht?«

Ich ließ ihn am Tee nippen. Ich blätterte in dem Buch. Lektionenweise Erläuterungen zu Grammatik, Übungen und ein Wörterbuch Deutsch-Elbisch.

»Können Sie fließend Elbisch?«

»Na ja, fließend … Ich hab' jahrelang gelernt. Vielleicht schaffe ich ja noch Lektion 9, bevor ich den Löffel abgebe. Aber erst«, er hob seine Hand, »muss dieses furchtbare Zittern aufhören. Könnten Sie mir die DVD einlegen? Die da hinten auf der Kommode liegt.«

Kurz darauf geleiteten mich die schweren Melodien des *Herrn der Ringe* wieder auf den Gang. Zusammen mit einem freundlichen: »Namarie!«

10. März

»Wir machen Pause, Flo!«

Die Mannschaft versammelte sich im Schwesternzimmer, um über Stromausfälle und Backöfen zu reden und einen Kaffee zu trinken. Ich blieb im Wohnzimmer sitzen. Ich wollte mir meine Laune nicht verderben lassen.

Eine Stunde zuvor hatte ich in der Küche die Schwarzwälder Kirschtorte betrachtet und kommentiert: »Komisch, die isst ja kaum einer. Da bleibt aber verdammt viel übrig.«

»Ich finde es nicht gut, wenn hier geflucht wird«, sagte Schwester Christine.

»Geflucht?«, erwiderte ich verdutzt. »Wer flucht?«

»Du. Du hast *verdammt* gesagt. Solche Worte werden in diesem Haus nicht ausgesprochen!«

Der Tag war zu schön, um sich das Getratsche der Schwestern anzuhören.

Und es gab noch einen anderen Grund, der mich von der lustigen Runde im Schwesternzimmer abhielt: Herr Langbein. Ich saß neben ihm auf dem Sofa.

»Bleib hier mal bei mir«, nuschelte er. Ich zündete ihm eine Zigarette an. Mühselig nahm er einen Zug; selbst halten konnte er sie nicht. Er döste ein. Ich machte die Zigarette aus.

Meine kleine lag in seiner schönen großen Hand. Wir streichelten uns mit den Daumen. Manchmal wachte er auf, fuhr mir zärtlich durchs Gesicht; und nuschelte. Was er sagte, konnte ich nicht verstehen. Vor zwei Monaten noch brachte er es nicht über sich, sich vor einer jungen Frau auf die Kloschüssel zu setzen. Heute hievten ihn die Schwestern in den Rollstuhl. Legten wir ihn mühselig ins Bett. Wechselten wir die vollen Windeln.

Das ist schade.

Als ich heute neben ihm saß und wir uns lange Zeit nur die Hände hielten, sagte ein Herr: »Sie sehen aus wie ein altes Ehepaar.«

Schließlich geschah es, dass ich meinen Kopf an seine Schulter schmiegte. Und er lehnte seinen an meine Stirn. Ich hatte das Gefühl, ihn schon ewig zu kennen.

Ich schlug so unauffällig wie möglich in seiner Akte nach. Ich musste es einfach wissen: Was ist das für ein Mensch? Kapitänleutnant im Krieg, logo.

Aber da gibt es noch mehr zu lesen: »Pflegte seine

kranke Tochter zwei Jahre lang alleine zu Hause, bis zu ihrem Tod.«

nebenbei

Männer

»Ich hab' in die Hose gemacht«, sagt Herr Kroll.
»Soll ich das wegmachen? Oder lieber Sebastian?«
»Ist mir egal ...«, antwortet er zögernd.
Es ist ihm nicht egal. Ich gehe, um Sebastian zu holen.

Mehrmals täglich wird Herrn Kroll die Vorhaut zurückgestreift.
»So, jetzt wird es mal nass untenrum! Ich komme mit dem Waschlappen.«
Noch ein wenig Penatencreme in die Leisten: Fertig.
Das Blöde: Herr Kroll ist krank, aber nicht dumm. Er kennt seinen Namen, er kennt seinen Lebenslauf und er kennt seine Schwanzlänge.
Wen interessiert auf dem Sterbebett noch so was, mag man sich fragen.
Die Körbchengröße ist schließlich auch völlig unerheblich. Ich habe nie empfunden, dass sich eine Patientin wegen ihrer Hängebrüste schämt. Andererseits sind Frauen klar im Vorteil: Auf zehn Pflegerinnen kommt nur ein männlicher Kollege. Wenn man sich schon den Intimbereich eincremen lassen muss, wird das fast ausnahmslos von Frauen gemacht.
Männer müssen sich von denselben Schwestern pflegen

lassen. Junge Frauen, denen sie noch vor einem Jahr auf der Straße hinterhergeguckt haben, wischen nun die Verdauung von ihren Hoden.
Aber der Drang und die Pflicht, seine Männlichkeit zu behaupten, macht auch vor dem Sensenmann nicht halt. Ein Gast setzte sich zum Pinkeln nicht hin. Weil eine junge Frau hinter ihm stand. Herr Kroll lässt sich nur ungern im Intimbereich waschen. Dafür hat er auch gute Gründe. Er schämt sich.
»Ich glaube, meine Hose müsste mal gewechselt werden«, sagt ein anderer Herr und lächelt uns an. Zwei FSJlerinnen hantieren nun an seiner Windel. Sonderlich schlimm scheint das nicht für ihn zu sein. Er grinst uns an. Als ich die Hose öffne, weiß ich auch, warum.

12. März

Frau Macke versuchte in den letzten Tagen immer wieder aufzustehen. Und fiel einige Male recht schmerzhaft hin. Heute lag sie deprimiert im Bett. Klingelte.

»Bleiben Sie doch bei mir.«

Es gab wieder nichts zu tun. Ich erlaubte mir, kurz bei ihr zu bleiben. Nun frage ich mich: Bin ich mit der Zeit abgestumpft? Oder liegt es an ihrem Charakter? Ich erinnere mich an Frau Bach. Die verbittertste Frau, die ich je kennengelernt habe. Doch ich saß gerne bei ihr. Ich mochte es, kleine Türchen zu öffnen. Und man musste oft nur leicht dagegentippen, um sie aufzustoßen. Frau Macke meckert ebenso enthusiastisch. Aber bei ihr habe ich so gar nicht das Bedürfnis herauszufinden, was dahintersteckt. Ich versuchte es, versuchte, mich ein wenig mit ihr zu unterhalten. Ihre Antworten sind kurz, drücken stets ein pessimistisches Weltbild aus.

»Ich meckere nicht«, sagt Frau Macke. »Ich weiß, das kommt so rüber. Aber ich meckere nicht.«

Das sagt sie oft. Aber es ändert nichts an der Tatsache: Sie meckert. Ich ging, um ihr etwas zu holen. Fünf Minuten später betrat ich ihr Zimmer erneut und bekam zu hören, was sie immer sagt: »Ach, Sie kommen ja doch noch. Ich hatte die Hoffnung schon aufgegeben.«

14. März

Was meine Versprechen Gästen gegenüber angeht, bin ich sehr genau. Nicht aus Mitleid, sondern weil ich sehr stark wahrnehme, wie ausgeliefert sie uns sind. Ein gesunder Mensch ist von meinen Zusagen nicht unbedingt abhängig; er kann mich suchen, wenn ich verschwinde. Die zehn Menschen auf den Zimmern können nur auf unsere »Gnade« hoffen. Wenn wir sie nicht gewähren – Pech gehabt.

Ich hatte Herrn Langbein gestern versprochen zu kommen. Darum hatte er mich eindringlich gebeten. Doch ich hatte ihn schlafend angetroffen. Das konnte ich so nicht stehen lassen. Ich ging heute vor dem Dienst zu ihm – wieder war sein Schnarchen im Flur zu hören.

Als ich ihm während des Essens das Eis in den Mund schieben wollte, sagte er eindringlich: »Weck mich, wenn du kommst.«

Doch schon während ich ihm mit dem Schnabelbecher Kaffee einflößte, schlief er beinah wieder ein. Während er das Eis lutschte, döste er weg. Ich musste wieder gehen. Wollte ihn später besuchen.

Als ich hereinkam, um ihn zu lagern, schlief er. Ich stieß gegen etwas Metallenes, das laut schepperte. Er schlief einfach weiter. Wir werkelten an ihm herum, schoben ihm Kissen unter den Rücken, schlugen die Decke zurück, holten eine neue Decke; er schlief. Ich weckte ihn nicht mehr.

17. März

Abends war ich bei Frau Hagen. Es galt, mit Schwester Agnes zusammen die Abendpflege zu machen. Die Frau zur Seite drehen, Windel ausziehen, säubern.

»Ach Mausi!«, rief Agnes. »Komm her!«

Eine Katze stand vor der Tür und bewegte sich nicht.

»Na komm! Komm! Hier drinnen stinkt's, ne?« Sie wandte sich bedauernd wieder Frau Hagen zu: »Das mag sie anscheinend nicht.«

Ich verstehe es nicht; wieso werden sogar freundliche Schwestern so gefühllos, wenn es an den Intimbereich geht? Ja, es stank. Nach Scheiße. Nach ihrer Scheiße. Das hat sie selbst mitbekommen. Das ist unangenehm. Ist es erleichternd, wenn eine Schwester es ausspricht?

Danach bekam ich endlich wieder eine richtige Aufgabe.

»Kannst du bei ihr bleiben, bis ihr Mann zurückkommt?«

»Ja.«

»Oder ist das zu viel für dich?«

»Nein«, erwiderte ich schnell. Und setzte mich zu der sterbenden Frau Hiesel.

Wochenlang war sie durch die Gänge gerollt, schwach, aber selbstständig. Vor drei Tagen sagte sie, dass ihre Zeit gekommen sei. Verweigert seitdem die Pflege. Wenn ich übermorgen das nächste Mal Dienst habe, wird sie tot sein.

»Wir müssen Sie pflegen, geht nicht anders«, sagte die Schwester gerade, als es klingelte. »Da gehe ich hin. Flo, wasch du sie schon mal. Gründlich!«

Kaum hatte die Schwester das Zimmer verlassen, nahm Frau Hiesel schnell den Lappen, fuhr oberflächlich über ihre Arme und drückte ihn mir wieder in die Hand. Die Schwester kam zurück. Frau Hiesel grinste, legte den Finger auf den Mund und zwinkerte mir zu.

»Und, hast du sie gewaschen?«

»Ja«, antwortete ich. Ich hätte mich kringeln können. Es machte mir Spaß, mit dieser geistig quietschfidelen Frau gemeinsame Sachen gegen »das Beste für sie« zu machen.

Ganz allmählich wird mir zugetraut, wovor man mich anfangs gewarnt hatte. Manchmal lässt man mich bei den Sterbenden sitzen. Nach einem halben Jahr könnte ich stark genug sein. Zu Beginn meines FSJ hätte ich nach dieser Dreiviertelstunde mehr geweint; aber ich bin mir sicher, dass ich es genauso gut verkraftet hätte. Die Kraft, die ich von Anfang an hatte, wird mir stückweise endlich zugetraut. Doch sobald ein Tränchen kommt, schwindet dieser Eindruck wieder.

18. März

Ich besuchte Frau Hiesel. Da lag sie, umgeben von Fotos ihrer Kinder. Auch einige von ihr selbst; nein, eine schöne Frau war sie nicht. Wäre sie mir auf der Straße begegnet, hätte ich sie als »hässlich« eingestuft. Aber was ist Schönheit? Sie ist so relativ.

Wenn ich die abgemagerte, zahnlose, dünnhaarige Tote ansehe, dann war sie früher eine strahlende Schönheit. Was sollen die ganzen Vorbilder, makellose Haut, lange Beine? Ein gesunder Mensch kann nicht hässlich sein.

nebenbei

Leichen

An der Zimmertür hängt ein blaues Pappschild in Form einer Träne. Und dahinter?
Wenn ich erfahre, dass jemand gestorben ist, gehe ich gerne so schnell wie möglich zu ihm. Bevor die Verwandten kommen. Und bevor die Schwestern seine Haltung ändern; um ihn so zu sehen, wie er starb.
Denn die meisten Toten sind leider schon zurechtgemacht, wenn ich sie besuche. Das macht für mich einen großen Unterschied: Verstorbene, die unverändert daliegen, ohne Schmuck, im Nachthemd – die wirken natürlich und strahlen manchmal geradezu eine eigene Wärme aus. Es berührt mich, dass jeder Mensch auf seine eigene, unverwechselbare Weise stirbt. Wenn

sie bereits gewaschen, umgekleidet und zurechtgerückt wurden, wirken sie auf mich, die ich sie ohnehin kaum kannte, in der Tat sehr »zurechtgemacht«. Sie bekommen mitunter etwas Puppenhaftes. Die Hände ruhen auf der weißen Decke. Ein Gingkoblatt steckt zwischen den Fingern.

Der Körper liegt gerade. So wie man sie sich später im Sarg vorstellt.

Manche haben die Augen geöffnet. Dann blicken sie meistens nach oben. Manche sehen aus, als ob sie schliefen. Ich will alleine sein.

Der Raum ist totenstill. Es ist eine einmalige Stille; da liegt ein Mensch, aber sein Atem fehlt. Es ist, als hätte man einem Instrument, das bei jedem Geräusch leise widerhallt, die Saiten genommen.

Die Vorhänge sind zugezogen. Ein Teelicht brennt.

Der ganze Körper ist entspannt. Die Hände, die sich über Tage zusammengekrampft hatten, liegen offen auf dem Bett.

Der Mund steht leicht offen. Lächelt sogar. Plötzlich kann ich in den alten Gesichtern wieder jugendliche Züge erkennen.

Wie riecht es in einem solchen Zimmer? Wie immer; nach Bodylotion. Doch manchmal kommen Flüssigkeiten aus dem Körper, die er vor dem Tod nicht ablassen konnte. Gelegentlich durch den Mund. Dann bleibe ich nicht lange.

Aber in jedem Fall muss ich den Toten berühren.

Ich legte meine Hand auf ihre. Sie war kalt. Und ich spürte, wie die Kälte in mich kroch. Wie eine Infusion

schob sie sich in meine Hand. Meinen Arm hinauf. Er fühlte sich taub an. Erschrocken zog ich ihn zurück.
Und wen ich mochte, den küsse ich. Manche auf die Hand, wie einen König.
Frau Gabriel, die mir viel gegeben hat, küsste ich auf die Wange. Es ist wie ein Abschiedskuss, wenn jemand in den Urlaub fährt.
Die Haut ist noch warm; lauwarm. Und weich. Wenn ich kurz über den Arm fahre, die Hand drücke und loslasse; erst dann habe ich das Gefühl, wirklich loszulassen.

Bald kommen Angehörige und Schwestern. Das ist schade; ich möchte mir am liebsten ein Buch nehmen und einfach stundenlang im Raum bleiben. Das Sterbezimmer ist ein Ort, der absolute Gelassenheit ausstrahlt. Von den meisten Toten geht eine solche Ruhe aus, dass sie lediglich zu schlafen scheinen. Manchmal kommt es mir so vor, als ob sie noch atmen. Solange sie still da liegen.

Als ich half, Frau Guerreri in den Sarg zu heben, baumelten die Arme auf einmal herunter. Ihre Beine brachen ein. Was bisher ein ruhender Mensch gewesen war, wurde plötzlich ein Körper. Nie hat mich das Gefühl so stark überkommen, eine Hülle vor mir zu haben. Das letzte Fünkchen Leben, das ich mir eingebildet hatte, war endgültig fort. Es ist ein seltsamer Eindruck; zwischen einem ruhenden Toten und einem, der bewegt, der weggetragen wird, liegen Welten. Ich bekam das Gefühl, tote Materie zu betrachten. Keinen Menschen.

Die meisten Toten liegen, wie man sich das vorstellt, auf dem Rücken. Frau Hiesel war anders, sie lag wie ein Baby da. Auf der Seite, Arme und Beine angezogen. Ich hatte das Bedürfnis, sie zu umarmen.
Und als ich mich von Herrn Johannsen verabschieden wollte, blieb ich verblüfft in der Tür stehen: Er lag ausgestreckt im Bett. Den linken Arm elegant nach oben gebeugt. Der andere lag mit geöffneter Handfläche da. Er blickte nach rechts. Herr Johannsen starb kurz nach Silvester; vielleicht hatte sich sein Körper in der Todessekunde an *Dinner for One* erinnert? Er wirkte nicht tot. Ihm fehlten nur Anzug und Krawatte. Ich wartete förmlich auf die Frage: »Same procedure as last year, Miss Sophie?«

20. März

»Bei Herrn Gardeweg musst du vorsichtig sein, der ist sehr kratzbürstig. Also, wenn dem was nicht passt, brummelt der schon mal.«

Agnes nickte stirnrunzelnd und schleifte mich mit zur Pflege.

Herr Gardeweg ist in der Tat kratzbürstig. Was viele Schwestern als schlechte Laune interpretieren, darin erkenne ich Humor. Die Bitterkeit blitzt immer wieder durch, aber Herr Gardeweg hält sie unter Kontrolle.

Es tat mir leid, mit Agnes zu ihm zu gehen. Diese Schwester wünsche ich keinem zur Morgenpflege. Immerhin muss der Mann nicht gewickelt werden. Aber als es an den Intimbereich ging, schaute ich weg. Und zwar so auffällig, dass er es bemerkte; untenrum werkelt ohnehin immer nur eine Person, wieso sollte die zweite danebenstehen und mit sorgenvoll gekräuselter Stirn seinen Schniedelwutz studieren? Außerdem habe ich eine sehr gute Beziehung zu ihm. Und wie bei vielen anderen Männern kommt es mir so vor, als würde diese Beziehung sich ändern, wenn ich ihnen im Intimbereich zur Hand gehe. Ich mache es ungern; nicht weil ich mich ekele. Ich wünsche mir für diese Herren, dass so wenig unterschiedliche Frauen wie möglich an ihnen arbeiten.

Ich hatte bisher oft das Gefühl, dass die Beziehung zu einem Mann, kaum dass ich mit dem Waschlappen zwischen seinen Beinen war, sich zumindest für einige Zeit änderte; freundschaftliche Atmosphäre schlug um: Ich war nicht mehr ein junges Mädchen, das ihn besuchte, sondern eine Pflegerin, die an ihm arbeitete. Ich wollte ihm also eine peinliche Situation ersparen. Gerade weil ich ihn gern habe. Das konnte ich aber leider nicht.

»Wollen Sie eine Hose anziehen?«, fragte Agnes.

»Ja«, antwortete Herr Gardeweg.

»Obwohl … Nee, das ist blöd im Bett. Ist doch warm genug, ne? Das lassen wir lieber«, stellte sie fest. Herr Gardeweg blickte flehend gen Himmel. »Oder was meinen Sie?«

»Ich hätte gerne die Hose.«

»Nein, das gibt nur Druckstellen. Später vielleicht, oder?«

Er stöhnte leise und kommentierte: »Frauen …«

»Was guckst du so, Flo?«, fragte Agnes lachend.

Gut, sie fragte ehrlich, da hatte sie auch eine ehrliche Antwort verdient: »Er tut mir nur gerade leid. Sich so herumkommandieren lassen zu müssen …«

Zwei Stunden später musste er auf den Toilettenstuhl. Wir halfen ihm zu zweit. Als er jedoch begann, sein Geschäft zu verrichten, passierte es: Er saß nicht richtig. Eine große Pfütze breitete sich auf dem Boden aus.

»Um Gottes willen, halt!«, rief Frauke. Es hatte keinen Sinn mehr. Schließlich saß der Mann mit den tätowierten Unterschenkeln umgeben von glänzendem Urin auf seinem Stuhl, während die FSJlerin mit einer zweiten Schüssel versuchte, seinen Strahl aufzufangen. Ich hätte nicht gedacht, dass es so wehtut, das aufzuschreiben … Oh Gott!

»Du machst das alles weg, ne? Und dann rufst du mich.« Schon war Frauke aus dem Zimmer geeilt. Ich gab ihm die Klingel in die Hand und ging. Die Schande wollte ich ihm, wenigstens bis er fertig war, ersparen.

»Gehst ihm über den Po, ne?«, merkte Frauke auf dem Flur an.

Ich gab ihm das Klopapier und drehte mich weg. Er machte es selbst. Ich überprüfte so schnell wie möglich; nö, da würde ich ihm jetzt nicht mehr mit dem Waschlappen rumfummeln. Ich begann, mit Handtüchern die Überschwemmung wegzuwischen. Wortlos. Kein dummer Kommentar, wie: »Oooh, da ist aber viel gekommen!«

Frauke betrat das Zimmer: »Und? Hast du hintenrum gewaschen?«

»Ja«, log ich.

Als er wieder im Bett war, bekam ich die Gelegenheit, mit Desinfektionsmittel über den Boden zu gehen. Ich beeilte mich. Ich grinste nicht, wie es Frauke und viele andere tun, um die Situation aufzulockern; ich glaube, das bringt nichts. Es ist unangenehm. Punkt. Er drehte sich auf die Seite. »Es tut mir leid«, sagte er.

»Quatsch«, antwortete ich. »Das muss Ihnen nicht leidtun, das ist nicht Ihre Schuld. Ich hätte mich nicht hier beworben, wenn ich mit so etwas nicht rechnen würde.«

Als ich mich von ihm verabschieden wollte, schlief er. Das heißt: Er tat als ob.

nebenbei

MitLeid

Oft lachen die Menschen, wenn sie von Sebastian die Frage hören: »Wer sind Sie?«
Schließlich ist er ein kerngesunder junger Mann. Wieso sollte er jemanden vergessen, den er gestern erst gesehen hat?
Seine Vergesslichkeit ist nicht zufällig. Sie ist Symptom einer Krankheit, über die er nichts Genaueres sagen kann. Oder will.
»Manchmal scheinen die Leute zu denken, dass ich sie nur verarsche«, erzählte er mir. »Ich habe echt Angst vor meiner Vergesslichkeit und fühle mich schnell verletzt, wenn man mir nicht glaubt. Außerdem will ich vermeiden, dass sich jemand beleidigt fühlt.«
Deshalb ging er zu Frau Söhnlein. Das war ein Fehler.

»Bin ich blöd!«, entfuhr es ihm im Schwesternzimmer. »Ich warte die ganze Zeit auf die Zeitung. Heute ist doch Sonntag!«
»Das habe ich dir vorhin schon gesagt«, meinte Christine.
»Ja? Hab ich irgendwie vergessen«, antwortete er.

»Kein Problem. Dein Kurzzeitgedächtnis funktioniert ja nicht richtig.«
»Ich würde eher sagen, ich bin schlicht und ergreifend müde«, erwiderte er erschrocken.
»Mir scheint, du hast eine Konzentrationsschwäche«, bekam er von Gabriele zu hören. »Wie hast du nur dein Abi geschafft?«

Wer im sozialen Bereich arbeitet, ist ein guter Mensch. Er will den Hilflosen Halt geben. Er nimmt sie ernst. Sagt man.
Doch in keinem anderen Berufsfeld kann man sich derart über andere Menschen stellen; und wird dafür gelobt. Als ich mit Sebastian zusammen Herrn Mürbe pflegte und er losrannte, um etwas zu holen, was er vergessen hatte, da rief Herr Mürbe ihm hinterher: »Nicht schlimm. Die Schwester hat mir schon gesagt, dass Sie ein bisschen verwirrt sind.«
Ist diese Schwester gemein? Nein, sie ist um Sebastian besorgt. Sie will sein Bestes.
Sebastian wird als beschränkt eingestuft.
Ein großes Missverständnis:
»Moment!«, wandte er ein. »Ich habe leichte Gedächtnisprobleme. Und von denen habe ich Frau Söhnlein nur erzählt, um klarzustellen, dass es nicht persönlich zu nehmen ist, wenn ich Namen und Gesichter vergesse. Wenn ich abends nicht mehr weiß, was ihr mir morgens gesagt habt, dürft ihr mich gerne rüffeln.«
Er erntete verständnisvolles Nicken. Aber als er kurze Zeit später wiederholte, was heute auf dem Speiseplan stand, nickte man ihm aufmunternd zu: »Prima!«

Drei Worte: »Ich bin krank.«
Damit hat er viele Menschen glücklich gemacht. Denn Mitleid ist die perfekte Form, um sich über andere zu stellen. Die wollen ihm nichts Böses. Die verstehen ihn. Die finden ihn nicht blöd, die wollen ihn nur nicht überfordern. Seit sechs Monaten glaubt man ihm simpelste Aussagen nicht.
Einstein hat wohl recht: »Es ist leichter, ein Atom zu zerstören, als eine vorgefasste Meinung.«
Es geht nicht um irgendeine Wahrheit. Dass Sebastian einen Schaden hat, gefällt. Er macht den Schwestern ein Geschenk. Es wäre langweilig, wenn er gesund wäre.

»Alte werden wieder wie Kinder«, ist ein beliebter Satz. Kinder wissen nicht, was gut für sie ist. Man sollte ihnen helfen. So wie bei Herrn Gardeweg, der die Hose anziehen wollte: Agnes ging es nur um seine Haut. Sie machte sich Sorgen. Wie furchtbar wären Druckstellen. Diese Hose anzuziehen wäre ein Verstoß gegen die Menschenwürde gewesen.
Viele Schwestern meinen, sie könnten die Kranken nur ernst nehmen, indem sie sie nicht ernst nehmen.
»Die ist heute verwirrt. Die hat das und das gesagt. Aber das stimmt gar nicht.« – »Die kriegt nichts mehr mit.«
In wessen Akte auch nur die kleinste kognitive Störung vermerkt ist, dessen Geist interessiert nicht mehr.
Wenn mir eine hellwache Frau mit dem Titel »Hirnmetastasen« etwas erzählt, und eine Schwester lächelnd klarstellt, diese Frau rede wirres Zeug: Dann entscheide ich nach Gefühl. Nicht nach Diagnose.
Danke, Sebastian.

21. März

Herr Schneider lächelte mich an. Doch er sprach nicht. Das wunderte mich. Er wirkte geistig fit, verstand jedes Wort, schrieb seine Antworten auf einen Zettel. Wieso sagte er es nicht einfach?

»Ach, da bist du ja, Flo«, sagte Frauke. Sie werkelte an Herrn Schneiders Hals herum. Ich trat näher. Sie nahm die Hand weg. Ich wollte schreien. Ein riesiges, eiterndes Loch mit blutigen Rändern. Herr Schneider röchelte. Es klang, als würde er sich durch den Mund schnäuzen. Er nahm eine Spuckschale. Dicker Schleim tropfte aus seinem Mund. So zäh, dass ich ihm helfen musste, ihn von den Lippen zu lösen.

Man kann immer in Herrn Schneider hineinschauen.

Wir wollten das Bett von Herrn Schneider neu beziehen. Mit einem Satz sprang der Mann, der sich im Bett hatte pflegen lassen, auf, ging zum Toilettenstuhl, setzte sich und wartete. Kaum waren wir fertig, hüpfte er zurück ins Bett. Und als Frauke mit ihm über seinen Zustand zu reden versuchte, strampelte er nur augenzwinkernd mit den Beinen.

Aus seinem Hals kommt beim Atmen ein Geräusch, das an ein kleines Lagerfeuer erinnerte.

Ich blieb in der Tür stehen: »Ich muss Ihnen noch etwas sagen. Es ist toll bei Ihnen. Ich bin froh, dass ich Sie endlich kennengelernt habe. Ich hoffe, ich werde noch oft bei Ihnen eingeteilt!«

Er warf mir einen Kuss zu.

Die Schreie in mir verstummten langsam. Aus seinen Augen strahlte diese wahnsinnige Lebenslust.

25. März

»Ich möchte telefonieren«, sagte Frau Macke. »Mit meiner Freundin.«

Ich sah mir das Telefon an, es war offensichtlich kaputt.

»Ich will sie anrufen«, fuhr sie fort, »aber wenn ich das Telefon nicht provoziere, gibt das nichts.«

»Das Telefon funktioniert nicht«, sagte ich.

»Könnten Sie dann von sich aus – ich bezahle es Ihnen auch!«

»Was bezahlen Sie mir?«, hakte ich nach.

»Bitte, würden Sie von sich aus meine Freundin fotografieren?«

Als sie Hilfe beim Toilettenstuhl brauchte, sich darüber beschwerte, dass keiner ihr helfe – da nervte sie mich. Aber dieses Gefühl ging schnell in Mitleid über, als sie begann, von ihren Eltern zu erzählen.

»Mein Vater ist ja schon achtzig. Meine Mutter auch … nein, achtundsiebzig ist sie. Können Sie sie nicht mal anrufen?«

Frau Macke ist selber über 80 Jahre alt.

»Und mein Sohn; wo ist mein Sohn? Er wollte doch vorbeikommen. Können Sie ihn nicht holen?«

Ihr Sohn ist längst tot.

»Manchmal komme ich mir bescheuert vor«, sagte sie leise. Dann sah sie mich flehend an: »Aber sagen Sie keinem hier, dass ich das gesagt habe! Das wäre so was von peinlich.«

»Ich verspreche es Ihnen«, sagte ich.

»Wirklich, es wäre furchtbar.«

»Ich verspreche es Ihnen in die Hand.« Und ich trat ans Bett und nahm ihre rechte Hand.

Sie beklagte sich den Abend hindurch noch oft. Immer, wenn ich sagte: »Ich komme gleich wieder!«, kam von ihr das übliche »Wenn das mal stimmt!«. Doch zum ersten Mal seit Wochen merkte ich eine Art Mitgefühl. Wieder und wieder fragte sie nach ihrem Sohn. Mein Gott, was soll ich da sagen?

27. März

Bianca putzte liebevoll Herrn Gardewegs Intimbereich. Marga kam strammen Schrittes herein und grinste ihn mit offenen Armen an.

»Hallooo!«, rief sie lang gezogen. »Ich bin die Schwester Marga.«

Er warf die Arme in die Luft. »Hallooo!«, rief er. Die Schwestern lachten ausgelassen. »Ich bin Herr Gardeweg!«, quietschte er. »Lasst uns alle fröhlich sein! Juchhu!«

Das Lachen erstarb. Ironisch grinsend ließ er die Arme wieder sinken. Bianca und Marga sahen sich irritiert an; mit den eigenen Waffen geschlagen.

Es bimmelte. Johanna und ich ließen unseren Kaffee stehen und gingen zu Herrn Schneider. Als ich das Zimmer betrat, wurde mir zunächst etwas anders; das Bett war leer. Der Mann wischte gerade mit einem Lappen Verdauungsreste vom Toilettenstuhl. Mir entfuhr ein leises Stöhnen. Schon eilte ich zu ihm, um zu helfen. Doch er belehrte mich eines Besseren; als er munter anfing, sich selbst zu waschen, beruhigte ich mich wieder.

Er brauchte nur ein wenig Hilfe beim Hinlegen, ich räumte auf – da stand Sebastian in der Tür und wünschte einen Guten Morgen. Herr Schneider nickte. Er röchelte und spuckte Schleim. Johanna und Sebastian, die ihn noch nicht kannten, waren betroffen.

Er sah uns traurig an, griff nach Stift und Papier und schrieb: »Ich kann nix dafür! Entschuldigung!«

Sofort hagelte es von uns Beteuerungen, dass er sich nicht entschuldigen muss, dass es für uns nicht schlimm sei etc.

Stille. Wir standen zu dritt um sein Bett, er blickte unsicher von einem Gesicht zum nächsten.

Johanna durchbrach das Schweigen: »Ist schon schlimm, so ausgeliefert zu sein, ne?«

5. April

Wenn ich nach ein paar Tagen Abwesenheit das Hospiz betrete, bekomme ich jedes Mal das Gefühl, mich in der Tür geirrt zu haben. Zimmer 6 ist leer. Herr Gardeweg ist vorgestern gestorben. Mein fitter Herr Gardeweg, der vor einer Woche noch aufstehen konnte. Er ist der erste Mann, den ich gern hatte und in dessen Intimbereich ich nie »gearbeitet« habe. Das finde ich schön.

8. April

Als Herr Kroll sich zum Aufzug rollte, wunderte ich mich; es war kurz vor Mittag. Normalerweise bleibt er zum Essen im Wohnzimmer. Ich begleitete ihn in sein Zimmer. Er war still.

Erst als er im Bett lag, begann er leise zu reden: »Da unten ... die Angehörigen von dem Mann, der gestern gestorben ist. Das konnte ich nicht mit ansehen. Da kriege ich Angst. Ich will es nicht glauben. Ich will es einfach noch nicht glauben, dass ich auch gehen muss. Ich schaffe es nicht ...«

Es gab viel zu tun. Heute war ich die einzige FSJlerin im Dienst.

»Ich brauche dich!«, rief Christine und riss die Tür auf. Ich stand an Herrn Krolls Bett. Ursprünglich hatte ich ihm nur reinhelfen wollen, aber daraus war wie immer ein Gespräch geworden.

»Tach, Herr Kroll!« Christine grinste ihn an. Sie wandte sich wieder mir zu: »Komm, zackig! Mach ihn rein ins Bett und dann kommst du auf die 8.«

Als sie die Tür hinter sich zugezogen hatte, sahen wir uns wortlos an. Und taten dann das einzig Sinnvolle: Wir lachten.

»O. k., dann mache ich Sie mal rein ins Bett.«

Ich ließ mir viel, viel Zeit.

Die Waschküche schrie mir quasi den ganzen Tag hinterher: »Komm zu mir! Hier gibt es Handtücher. Viele schöne, bunte Handtücher, die du falten darfst.«

Ich folgte ihren Rufen erst in den letzten zehn Minuten meines Dienstes. Davor war ich so umgeben von liebenswerten Menschen, dass mich schöne, bunte Handtücher, sollten sie auch noch so warm getrocknet sein, relativ kaltließen.

Diesen Zustand habe ich lange vermisst. Über Monate war eine besonders bedrückende Stimmung im Hospiz gewesen.

Die Tage werden länger. Vielleicht zieht ja langsam der

Frühling in die Gemüter? Es ist wahrscheinlich ein Unterschied, ob man vom Bett aus Schnee oder Knospen sieht.

Statt gehörig Pflegewagen aufzufüllen, begab ich mich ins Wohnzimmer, wo Herr Starke noch saß.

»Ich hätte glatt Lust auf ein Eis.«

»Och, wissen Sie«, begann ich. Er verstand. Und ging grinsend in die Küche.

Bevor das Gesundheitsamt vor einiger Zeit in der Tür gestanden hatte, durfte jeder die Küche betreten. War es normal, dass auch mal Angehörige ein Brot für ihre Liebsten schmierten. Es war spät. Ich war zu faul für Hygiene.

12. April

Ich lief. Und lief. Und lief.

»Du müsstest dir mal in einem Sportgeschäft einen Schrittzähler leihen«, sagte Herr Kroll. »Und dann mal ausrechnen, wie viele Kilometer du läufst.«

Das würde mich in der Tat interessieren. Heute dürfte ich einen Marathon zurückgelegt haben.

Wir waren zwar zu viert, aber alles ging drunter und drüber. Seinen Höhepunkt erreichte der Stress gegen Mittag: Als ein Mann halb angezogen auf dem Bett saß, zwei Zimmer nach mir klingelten und zwei Schwestern ebenfalls meine Dienste beanspruchen wollten.

Stress strengt nicht einfach an. Er ist mir häufig peinlich. Wenn man die Gäste herumschieben und wieder aus dem Zimmer stürmen muss, das ist kein schönes Gefühl.

Man sah mir den Stress an. Klar: Nach sechs Stunden Dienst brachen mir die Beine fast weg. Ich hatte in der ganzen Zeit keine Gelegenheit gehabt, mich hinzusetzen. Die Pause war heute ausgefallen. Will heißen: Der Rest der Belegschaft machte sie. Davon bekam ich freilich nichts mit. Ich war die Rennmaus.

Mit der Zeit wurde ich dementsprechend müde und etwas missmutig. Wie einfach muss es in dieser Hinsicht in anderen Berufen sein! Fließbandware interessiert nicht, ob ich gut gelaunt bin. Als Kassiererin kann ich auch eine Flunsch ziehen; es mag Streit daraus entstehen – aber ich habe keine Fürsorgepflicht dem Kunden gegenüber. Ich mache mir keine Sorgen um seine Psyche.

Als Pfleger muss man dauernd vermeiden, den Leuten wehzutun oder ein dummes Gefühl zu geben. Man ist in seiner ganzen Person irgendwie für ihr Seelenheil zuständig.

Ich glaube, wenn ich studiere, werde ich es genießen: Ich darf auch mal ein Arschloch sein. Ohne ein schlechtes Gewissen haben zu müssen.

Ich war wie immer oben eingeteilt. Das begrüßte ich. Ich mag es, eine Woche lang nur für dieselben fünf Gäste zuständig zu sein und nicht immer hin und her zu tingeln. Das bedeutete aber auch: Frau Macke.

Diese Dame kann eine angespannte Flo gar nicht gut gebrauchen. Ich reichte Frau Macke ihre Haferflocken an. Das dauert. Sie wollte noch ein viertel Brötchen mit Quark. Ich holte es.

»Und was ist mit meinem Kaffee?« Ach, den hatte ich ganz vergessen. »Den hole ich sofort!«, sagte ich und sprang auf.

Es kam der Satz, mit dem ich fest gerechnet hatte: »Ob das was gibt? Das dauert ja immer Stunden hier.«

Ich blieb stehen. Und rauchte vor Zorn. »Diesen Satz

will ich nie wieder von Ihnen hören!« Sie riss erschrocken die Augen auf. »Wir rennen den ganzen Tag. Ja, es dauert manchmal etwas länger. Wir müssen uns schließlich auch noch um eine Menge anderer Menschen kümmern. Aber wir versuchen immer, Ihnen zu helfen, so gut wir können. Und jedes, wirklich jedes Mal, wenn man Ihr Zimmer betritt, kommt etwas wie ›Ich hatte schon keine Hoffnung mehr‹. Das ist beleidigend.«

»Die anderen loben mich«, sagte sie perplex. »Und Sie schimpfen nur …«

»Ja. Ich hol Ihren Kaffee.«

Ein paar Minuten später saß ich an ihrem Bett. Sie schlürfte aus dem Schnabelbecher. Kaute langsam ihr viertel Brötchen mit Quark.

»So 'n hübsches Mädchen. Und schimpft wie 'n Rohrspatz.«

14. April

Als die Schwestern mittags Herrn Langbeins Zimmer betraten, lag er wimmernd auf dem Boden. Sie wollten ihn ins Bett legen. Den Schrei, der ihm entfuhr, hörte ich auch im Schwesternzimmer noch sehr gut. Er hatte sich die Schulter ausgerenkt.

»Der ist weinerlich«, spricht Bianca die landläufige Meinung aus. »Wie ein kleines Kind. Aber ein lieber Kerl. Der tut keiner Fliege was zuleide.«

Als ich sein Zimmer betrat, weinte er tatsächlich; ein Krankenwagen war bestellt worden. Er wusste, was das bedeutete. Und er hatte Angst.

»Das tut so weh!«

»Der Krankenwagen kommt jeden Moment!«, sagte Frauke. »Irgendwer sollte ihn begleiten«, fügte sie leise mit Blick auf den vor Angst blassen Mann zu. »Aber wer hat Zeit?«

Ich setzte mich neben den wimmernden Herrn Langbein.

Der Krankenwagen ließ auf sich warten.

»Wann kommt er denn?«, fragte Herr Langbein.

»Er müsste jede Minute da sein«, war alles, was ich ihm sagen konnte. Herr Langbein wurde nervös.

Gülay betrat das Zimmer: »Florentine, Feierabend!«

Ich schüttelte den Kopf. Ich hatte Zeit. Ich hatte Lust, bei ihm zu sein; ich konnte ihm helfen. Ich hatte Lust, etwas Neues zu erleben. Als der Krankenwagen um 15 Uhr abfuhr, saß ich neben Herrn Langbein und hielt seine Hand.

Er rutschte auf der steifen Liege herum. »Wie lange noch?«

»Wir sind gleich da«, sagte der Pfleger.

»Wie lange noch?«, fragte Herr Langbein zwanzig Minuten später zum fünften Mal.

»Wir sind gleich da«, antwortete der Pfleger. Herr Langbein versuchte auf der viel zu kleinen Liege, auf der er festgeschnallt war, eine angenehme Lage zu finden. Zwischen seinen Beinen lag der Urinbeutel.

Als wir nach der scheinbar endlosen Fahrt in der Klinik ankamen, wurde er durch die Gänge der Notaufnahme geschoben. Mir wurde anders, als wir an Schockraum 3 vorbeigingen: Die Flügeltür stand offen, und ich konnte in den großen Raum blicken. Ich sah eine Unmenge von hochmodernen Geräten. Wuchtige, rollbare Apparaturen standen auf dem blank polierten Boden. Darauf die desinfizierten Scheren und Zangen. Die Wände waren klirrend weiß. Es sah kalt aus. Ich erkannte Sauerstoffgeräte. An den Wänden leuchteten Bildschirme und Knöpfe. Die Luft roch desinfiziert. Und zwischen alldem stand die in der Mitte des riesigen Raumes sehr klein wirkende Liege.

Was ist an einem Hospiz schwer?, dachte ich. Es würde für mich eine um Welten größere Herausforderung darstellen, in einer Notaufnahme zu arbeiten. Wo man mit all diesen Geräten manchmal vergeblich versucht, den Menschen in der Mitte des Raumes zu retten. Wo viele Menschen die Hoffnung verlieren.

Im Hospiz herrscht bereits Hoffnungslosigkeit. Das macht die Arbeit einfacher.

Herr Langbein wurde unter Ächzen auf eine andere Liege gehievt.

»Blutdruck und Puls normal.«

Auf dem Bildschirm hinter ihm entstanden Linien und Zahlen.

Herr Langbein wälzte sich herum. Die flache, harte Liege tat weh. Er rutschte auf der glatten Fläche herunter. Die Schwestern streiften Handschuhe über und zogen ihn wieder hoch. Er rutschte wieder herunter.

»Wann kommt der Doktor?«

»Ich weiß nicht«, musste ich antworten.

Eine Schwester kam und informierte mich: »Der Arzt ist noch woanders. Dauert noch ein bisschen.«

»Was heißt ein bisschen?«, hakte ich misstrauisch nach.

»Eine Stunde.«

Herr Langbein wälzte sich herum. Die Schwestern streiften Handschuhe über und zogen ihn wieder hoch.

»Wo bleibt denn der Doktor?«

»Das dauert noch gut eine Stunde.«

Er zitterte. »Bitte keine Spritze. Ich bin wirklich kein Angsthase, aber …«

Immer wieder griff er in die Luft und suchte nach dem Haltegriff, den er im Hospiz über dem Bett hat. Er zerrte an den steifen Einwegdecken.

»Wir können zum Röntgen«, sagte eine Schwester. Herr Langbein wurde weggeschoben.

Nach zwanzig Minuten kam er wieder. Eine Dreiviertelstunde verging. Eine Ewigkeit.

»Wir können ins Untersuchungszimmer«, sagte eine Schwester, als ihr eine andere Schwester etwas ins Ohr flüsterte. »Der Arzt ist gerade auf die Intensiv gerufen worden«, korrigierte sie sich.

»Machen Sie doch den Rücken höher. Helfen Sie mir mal!«, bat Herr Langbein zum zehnten Mal.

»Ich glaube, das sollten wir besser lassen«, entgegnete ich. »Dann rutschen Sie nur wieder runter.«

»Sie sind gemein«, sagte er zornig.

Schließlich stellte ich das Rückenteil höher. Er rutschte herunter. Die Schwestern streiften Handschuhe über und zogen ihn wieder hoch.

Dann ging alles sehr schnell: Ein Arzt kam, wir gingen in den Behandlungsraum, er streifte sich Handschuhe über. Tastete Herrn Langbein ab. Sah sich die Röntgenbilder an. Herr Langbein stöhnte.

»Tut mir nicht weh«, stammelte er. »Tut mir nicht weh. Tut mir nicht weh. Tut mir nicht weh. Bitte, tut mir nicht weh.«

Die Krankenschwester versuchte, ihn zu beruhigen: »Wir tun Ihnen nicht weh. Versprochen!«

Das war nicht die Wahrheit.

Er bekam eine Spritze. Er schrie. Der Arzt renkte seine

Schulter ein. Ein Verband wurde angelegt. Wir fuhren ihn wieder ins Wartezimmer. Eine Stunde lang wälzte er sich herum. Eine Stunde lang streiften die Schwestern immer wieder Handschuhe über, um ihn hochzuziehen. Er war böse. Er weinte nicht. Er nahm meine Hand nicht mehr.

Auf dem Rückweg saß ich mit einem jungen Sanitäter neben ihm. Der Sanitäter blätterte Papiere durch.

»Aus welchem Grund ist er eigentlich im Hospiz?«, fragte er über Herrn Langbeins Kopf hinweg. Ich runzelte die Stirn. Er lachte: »Ja klar, ich weiß: Alle sind nur aus einem Grund im Hospiz. Aber die Diagnose …«

Herr Langbein starrte an die Decke: »Gibt es keinen anderen Grund? Nur den einen? Nur diesen einen Grund?«

Ich war müde.

»Ist es nicht schwer, täglich mit Todkranken zu arbeiten?«, fragte der junge Mann.

»Nein. Es ist schön«, sagte ich kurz.

Herr Langbein wälzte sich. Die Gurte hielten ihn fest. »Ihr seid gemeingefährlich!«, rief er.

15. April

Zimmer 4: unruhig, in der Nacht geschrien, stand auf dem Notizblock der Schwester.

Als es auf Zimmer 4 klingelte, ging ich sofort hin. Ich musste wissen, wie es Herrn Langbein geht. Er ist tot.

Der Krankenhausaufenthalt hatte unserem ruhigen, netten Herrn Langbein, der noch Wochen hätte leben können, alle Kraft genommen.

Die erste Reaktion: Scheiße!

Ich trat an sein Bett. Sah ihn da nackt liegen, den Katheter aus seinem Penis, den Urinbeutel am Bettgitter. Erinnerte mich, wie er von morgens bis abends da lag, einfach nur da lag und lag … Die zweite Reaktion: Uff!

Vielleicht war dieser furchtbare Tag das Beste, was ihm passieren konnte.

nebenbei

Hygiene

Frau Müller klingelt.

Ich tippe Gülay auf die Schulter. »Komm, wir gehen zusammen. Die will bestimmt wieder auf Toilette, und alleine schaffe ich das nicht.«

»Aber da dürfen wir nicht rein«, entgegnet Gülay.

»Doch. Gestern hat der Arzt festgestellt, dass sie kein MRSA mehr hat.«

MRSA ist ein Bakterium, das durch bloße Berührung übertragen werden kann. Eine Woche lang hatte vor ihrem Zimmer ein Wagen mit Schutzkleidung gestanden. Schwestern durften nur verhüllt den Raum betreten.

Gülay zieht die Augenbrauen hoch. Sie folgt mir zögernd.

Frau Müller will tatsächlich auf den Toilettenstuhl.

»Nimmst du den Oberkörper, ich die Beine?«, frage ich Gülay. Doch sie ist schon um die Ecke gehuscht und im Badezimmer verschwunden.

Ein paar Sekunden später hält sie mir Latexhandschuhe entgegen. »Das brauchen wir doch nicht mehr«, lache ich.

Sie zieht wieder die Augenbrauen hoch. »Nein, das ist mir zu gefährlich.«

Mit geschützten Händen greift sie Frau Müller unter die Arme.

Als wir das Zimmer verlassen, ist Gülays erster Gang der zur Toilette. Sie wirft die Handschuhe mit spitzen Fingern weg, wäscht und desinfiziert sich die Hände. Dann tritt sie zur Seite, um mich ans Waschbecken zu lassen.

»Was soll das?«, frage ich. »Wir haben doch nur ihre Kleidung berührt.«

Gülay schüttelt den Kopf: »Flo, die Frau hat MRSA!«

»Hatte!«

»Nee, das glaube ich nicht. Weißt du noch, der Mann, der vor ein paar Monaten auf Zimmer 9 lag? Der hatte wochenlang MRSA. Irgendwann sagte der Arzt, dass er es nicht mehr hat. Wir haben ihn tagelang mit bloßen Händen berührt. Und bei der nächsten Visite kam dann plötzlich raus, dass er doch noch ansteckend ist!«

»Ja, das kann passieren. Und weißt du was: Wir haben ihn beide angefasst und leben trotzdem noch.«

»Aber wir hätten uns anstecken können. Und die Frau Müller hat sicher auch noch was.«

Diese Meinung teilt sie mit anderen FSJlerinnen. Auch nach der nächsten Visite berühren sie Frau Müller nur mit Handschuhen.

Wenn wir an die Hygiene des 18. Jahrhunderts zurückdenken, lächeln wir milde: Da hatten die gebildeten Menschen Angst vor Wasser. Sie liefen stark gepudert herum und stanken bestialisch, weil sie sich partout nicht waschen wollten.

Natürlich wuschen sich die Menschen damals. Tatsache ist jedoch: Sie taten es so sparsam wie möglich und versuchten, mit Parfüms wieder wettzumachen, was das bisschen Wasser nicht vermochte, das sie an ihre Körper ließen.
Dabei handelte es sich aber nicht um eine dumme Mode. Schon Jahrhunderte zuvor galt Wasser als schädlich. Man nahm an, dass das Wasser durch die Poren in den Körper dringt, ihn aufweicht und wehrlos gegen Krankheiten macht. Außerdem nahm man an, dass es Krankheiten verbreite. Das hielt man für wissenschaftlich erwiesen.

Es ist logisch, dass man Urinbeutel besser mit Handschuhen leert, obwohl man nur Plastik berührt.
Es ist Alltag, dass Pfleger sich im Krankenhaus die Hände desinfizieren, nachdem sie mit Latexhandschuhen den bekleideten Kranken ein paar Zentimeter im Bett hochgezogen haben. Wird man eines Tages auch über uns milde lächeln?

19. April

Ein strahlend blauer Himmel küsste mich wach.

Ich setzte mich mit meinem Kaffee vor die Tür. Über den Brunnen krochen Schnecken. Osterglocken blühten. Die Weidenkätzchen öffneten sich. Eine lauwarme Sonne kroch in jeden Winkel. Die Vögel zwitscherten.

Der erste richtige Frühlingstag.

Hinter mir liegen zweiundachtzig Gäste, die diesen Frühlingstag nicht erleben.

Meine Füße tun weh. Zwei Stunden lang bin ich durch den Wald vor der Stadt gegangen. Und ich war nicht allein.

Jetzt kommen wir in Bereiche, die schwer in Worte zu fassen sind. Und wo bei vielen schnell die Rollladen runtergehen. Florentine und ihre Zombiearmee?

Nein, ich bin nicht umgeben von zweiundachtzig Geistern, die im Gleichschritt hinter mir hermarschieren. Es schweben auch nicht zweiundachtzig Engel um mein weltentrücktes Haupt.

Ich habe einfach das Gefühl, dass sie da sind; die, die ich wirklich mochte. Frau Ende taucht immer wieder neben mir auf, obwohl ich mich kaum an ihr Gesicht erinnere.

Frau Gabriel, Frau Stöckl, Herr Bötticher – sie waren mit mir auf diesem Waldweg.

Ich stand mitten im Wald. Umgeben von – irgendetwas. Der Raubvogel blieb sitzen und sah mich an. Das Eichhörnchen versteckte sich. Der Bach rauschte.

Ich hatte es mich bisher nie getraut. Damit verschreckt man Tiere. Andere könnten mich hören. Das ist doch kindisch. Frau Gabriel stupste mich grinsend in die Seite.

Wer weiß: Vielleicht war das die letzte Gelegenheit für einen Frühlingsschrei?

26. April

»Ich bin 91 Jahre alt«, sagte Herr Steigel.

»Waren es schöne 91 Jahre?«

»Nein. Ich war in einem U-Boot. Maschinist. Oben bei Grönland«, erzählte er. »Dann sind wir auf die Engländer gestoßen. Am Siebzehnten, 1943. Wir haben alle fünf Schiffe versenkt. Stellen Sie sich das mal vor!«

»Und wie war es für Sie?«, fragte ich.

»Wie?«

»War es schlimm?«

»Natürlich war es schlimm! Andere Menschen zu töten!«

»Na ja«, sagte ich, »es gibt ja auch Männer, die mit Wehmut an diese Zeit zurückdenken.«

Herr Steigel blickte mich entsetzt an. »Im Ernst? Das müssen ja Bestien sein.«

Ich dachte an Herrn Langbein.

»Aber wir wurden getroffen. Wir mussten auftauchen. Schließlich war es vorbei. Zwei Stunden bin ich im Meer getrieben.«

»Und dann?«

»Dann hat mich ein englisches Boot rausgefischt.«

»Also Kriegsgefangenschaft.«

»Ja. Vier Jahre lang in Liverpool. Dann durfte ich raus. Aber bei all dem ... da kann man nicht sagen, dass ich eine schöne Zeit hatte.«

Ich habe Bea noch nie derart stöhnen hören. Bisher schrie und röchelte sie. Heute wimmerte sie. Den Mund so weit aufgerissen; Munchs Bild »Der Schrei« ist ein Witz dagegen. Und sie krampfte und krampfte. Ihr Po, ihr Rücken: braun. Während Bianca die Scheiße wegwischte, schrie Bea weiter.

Agnes hielt sie fest. »Na, nicht meckern! Da muss man sich bedanken!«, sagte sie der Wimmernden, während Bianca Penatencreme auf ihre Pobacken schmierte.

Ich halte diesen Anblick nicht mehr aus. Ihr Leid ist so furchtbar mit anzusehen! Wie hält ihr Mann das aus?

27. April

»Bea fühlt sich heiß an, findest du nicht?«

Andreas schob das Thermometer unter ihre Achsel. Sie sah noch bleicher aus als sonst.

Sie liegt im Pflegebett und starrt an die Decke. Das heißt: Ihre Augen sind zwar geöffnet, aber sie scheint nichts zu sehen. Manchmal rollen ihre Pupillen ein wenig herum. Doch sie fixiert keinen ihrer Mitmenschen. Sie betrachtet ihren Schmerz. Nicht die Decke.

Es gibt Tage, da ist die 27 Jahre alte Bea still. Auf mehr kann man nicht hoffen. Entspannen wird sie sich nie wieder. An solchen »guten« Tagen liegt nach wie vor ein dünner, lang gestreckter Körper vor mir. Ihre Beine liegen seltsam verwinkelt da. Ihre Schultermuskeln sind zusammengezogen.

Und auch an solchen guten Tagen steht ihr Mund sperrangelweit offen. Die ganze Frau umgibt ein einziges, lautloses »Hilf mir!«. Wir können ihr nicht helfen.

Doch diese guten, stillen Tage sind selten. Meistens krampft sie. Sie wälzt sich in den Kissen herum, so gut es geht. Sie schwitzt. Manchmal wechseln wir mehrmals am Tag ihr T-Shirt; der ganze Rücken ist nass.

Selbstverständlich trägt sie Windeln und hat einen Katheter. Selbstverständlich geht ein Schlauch in ihren Bauch, über den sie Sondennahrung bekommt.

Sie röchelt ununterbrochen. Wenn die Spastiken schlimm werden, schreit sie. So gut sie eben kann.

»38,5 °C. Tatsächlich. Dann machen wir nur das Nötigste. Das strengt sie sonst zu sehr an.«

29. April

Frau Macke saß am Tisch. Und die kleine, fidele Frau Steigel betrat den Raum. Das Gespräch drehte sich um unsinnige Moden, wie zum Beispiel bauchfreie Oberteile im Winter. Wie gewöhnlich redete Frau Steigel munter drauflos. Und nach wenigen Minuten kam das Thema auf Stringtangas.

Frau Macke blickte ausdruckslos auf ihren Teller.

»Ich habe so etwas ja nie getragen«, sagte Frau Steigel. »Obwohl: Ich war als junges Mädchen ziemlich frech gekleidet. Das ist ja auch normal in dem Alter.«

»Was genau heißt das?«, hakte ich nach.

»Im Krieg gab es keinen Modefirlefanz. Da hat man getragen, was man kriegen konnte«, warf die um einige Jahre jüngere Frau Macke trocken ein.

»Und was haben Sie getragen?«, wandte ich mich erneut Frau Steigel zu.

Sie begann zu flüstern: »Kennen Sie diese alten Strümpfe? Mit den Strumpfhaltern? Und dann dazu nur ein knappes Höschen. Mitten im Winter! Also, das sah schon scharf aus …«

Frau Macke erklärte laut und deutlich, das sei alles »nur eine Frage der Erziehung«.

Allgemeinzustand: sterblich, steht in Beas Akte.

»Noch ein paar Stunden oder Tage«, sagte Doktor Raatz.

»Aber keine Woche mehr?«, fragte ich hoffnungsvoll.

»Nein, auf keinen Fall.«

Ich warte.

30. April

Im Flur traf ich auf Herrn Starke. Der wie jeden Tag seine Frau besuchte. Bea war bleich.

Herr Starke witzelte wie üblich. Aber heute tat es mir weh, lustige Worte von ihm zu hören. Ich weiß, wie es ihm in Wahrheit geht: Er ist am Ende. Seit drei Monaten kommt er täglich ins Hospiz, um vier Stunden bei Bea zu verbringen. Wochenends sogar zwölf. Zwölf Stunden sitzt er neben seinem leidenden Schatz. Und kann nicht helfen.

Es war spät. Die Schwestern saßen in der Übergabe. Herr Starke war weg. Ich ging zu Bea. Sie schlief. Und sie war leise. Ich habe sie noch nie so leise atmen hören. Bis jetzt war selbst im Schlaf immer ein Röcheln von ihr gekommen. Doch heute lag sie einfach mit geschlossenen Augen im Bett. Ohne zu zucken.

Ruhig war ihr Atem noch immer nicht. Er ging schnell und unregelmäßig. Und plötzlich hörte er auf. Eine halbe Minute lang war es still im Raum; dann hob ihr Brustkorb sich wieder. Sie hat Atempausen. Ihre Augen sind so eingefallen; dass Augen derart einfallen können, wusste ich nicht.

3. Mai

Als ein Notruf aus Zimmer 2 erscholl, glaubte ich zunächst an einen Zufall. Die meisten Notrufe passieren aus Versehen; wenn ein Gast oder Besucher zufällig einen Knopf berührt, löst das den Alarm aus. Und da der Klingelknopf am Bett hängt, wo viel herumgewuselt wird, kann das schon mal passieren. Ein paar Schwestern gingen zu Herrn Kroll. War wahrscheinlich ein Versehen.

Doch als eine halbe Stunde später abermals das schrille Piepen an meiner Hosentasche ertönte, wurde ich aufmerksam.

Was sollte mit Herrn Kroll sein? Gestern Abend noch hatte er wie immer im Bett gelegen, umgeben von DVDs und Büchern. Auf dem Nachttisch lag »Der Herr der Ringe«, auf dem Boden stapelten sich historische Filme, in den Händen hielt er ein Booklet, in dem er ununterbrochen blätterte.

»Möchten Sie nicht mal raus aus dem Bett?«, hatte Bianca gefragt.

»Geht doch nicht«, antwortete er missmutig.
»Wieso?«
»Ich kann nicht stehen.«
»Nein, aber wir können Sie in einen Rollstuhl setzen.«
»Ja, und? Wo liegt der Unterschied?«
»Dann können Sie mal ins Wohnzimmer …«
»Bah, nein!«
»Oder vor die Tür? Nach draußen?«
»Will ich auch nicht.«
»Jetzt im Frühjahr grillen wir manchmal.«
»Nein danke.«
»Wollen Sie vielleicht mal baden?«
Gereizt schüttelte er den Kopf.
Bianca sah ihn ratlos an. »Was reizt Sie denn?«
»Mittelerde.«
Seit er vor zwei Monaten herkam, bringt sein Enkel ihm regelmäßig Filme mit. Sie sind Herrn Krolls einziges Tagesprogramm. Er schläft oder sieht fern. Ein scheinbar willkürlich verteilter Wust aus DVDs umgibt ihn; aber ich glaube, dahinter steckt ein für Normalsterbliche undurchschaubares System.

Gezittert hat er, so lange ich ihn kenne. Es ist in den letzten Wochen schwer geworden, ihm einen Schnabelbecher in den hin und her ruckenden Mund zu führen. Wie er mit seinen zitternden Händen die Fernbedienung halten und die kleinen Knöpfchen drücken konnte, war mir ohnehin schleierhaft. Doch er war stets wach gewesen.

Heute zuckte sein ganzer Körper. Er war nicht ansprechbar. Er brauchte eine erhöhte Dosis Medikamente. Doch die durften die Schwestern nicht ohne Weiteres geben. Bei vielen Gästen gibt es die Bedarfsmedikation. Wenn die Schmerzen schlimmer werden, darf man ihnen mehr oder andere Medizin geben. Bei Herrn Kroll war das aber nicht der Fall. Es dauerte Stunden, bis der Arzt kam und die Schmerzmedikamente absegnete.

Marga lief ächzend durch die Zimmer. Das ist nicht weiter bemerkenswert, sie ächzt immer. Obwohl sie eine nette Frau ist. Sie kann durchaus wunderbare Tage haben. Aber sie braucht das Jammern wie die Luft zum Atmen.

Marga darf gerne unzufrieden sein. Aber ihr Stöhnen macht an den Zimmertüren nicht halt.

»Ich komme aus der Arbeit nicht raus. Ich kann nicht mehr«, ächzte sie, als sie Herrn Mürbe ins Däumchen stach, um den Blutzucker zu messen. Wie hat sich Herr Mürbe dabei gefühlt? Wie würde ich mich fühlen, wenn eine Schwester an meinem Bett über ihre Arbeit klagt? Die darin besteht, mir zu helfen.

Sofern wir helfen können.

»Bea sehr unruhig. Puls zeitweise weg. Herrn Starke verständigt«, stand in den Aufzeichnungen einer Schwester, die auf dem Tisch neben Keksen und Krankenakten lagen.

Kaum trat ich zum Frühdienst an, trugen mich meine ersten Schritte zu Bea. Herr Starke saß bereits im Sessel neben seiner schlafenden Frau. Mit einem so ruhigen und friedlichen Gesichtsausdruck, wie ich ihn bei ihr noch nie erlebt habe.

Herr Starke stand auf.

»Es geht zu Ende«, sagte er. Viel gab es dazu nicht zu sagen. Wir traten an Beas Bett.

Ich freue mich auf ihren Tod. Und bin gleichzeitig so traurig, dass ihr verzweifelter Mann zurückbleibt. Ich glaube, wenn seine Frau ihr Leben ausgehaucht hat, werde ich ihn nicht wiedererkennen.

5. Mai

Das Erste, was mir auffiel, war das Schild in Form einer Träne an der Tür. Im Klartext: Bea ist tot.

Die Bettgitter waren hinuntergelassen. Ein seltsamer Anblick.

Der Blick auf ihr Gesicht war stets durch das Sauerstoffgerät und den Infusionsständer verdeckt gewesen. Nun war beides weg. Sie lag frei da, ohne Geräte, ohne Katheter. Ganz und gar entspannt war sie selbst jetzt nicht, ihre Arme und Beine waren noch immer merkwürdig verwinkelt. Ihr Mund zusammengepresst. Ich habe noch nie eine so verkrampfte Leiche gesehen.

»Ob sie vielleicht jetzt gerade stirbt?«, hatte ich gestern überlegt, während ich im Kino saß. Da war sie schon längst tot. Ich habe heute oft an sie gedacht. Ich bin erleichtert.

6. Mai

Die Sonne schien. Eine wunderschöne, strahlende Morgenwärme lag auf der Welt. Da sollte ich im Schwesternzimmer frühstücken?

Kommt ja gar nicht infrage! Es gelang mir auf schier geniale Weise, mich an allen Schwestern vorbeizustehlen, mir in der Küche etwas zu essen zu stibitzen und mich ohne einen Mitwisser vor die Tür zu setzen.

Annika Starke kam um die Ecke. Schwarz gekleidet. Ich war erstaunt, wie gefasst sie wirkte. Eigentlich wie immer, nur etwas trauriger. Sie setzte sich neben mich auf die

Bank und bedeutete mir, den Arm um sie zu legen. So saßen wir einige Minuten. Wir sprachen nicht allzu viel. Vier Monate lang gehörte Annika zum Hospizalltag. Ich werde sie vermissen.

Manchmal ist es, wenn ein Gast stirbt, doppelt schlimm; weil dann auch seine Angehörigen gehen, auf die ich mich tagtäglich gefreut habe.

Herr Starke kam.

»Vor ein paar Wochen ging es ihr noch so gut ...«, sagte er leise.

Männer sind treulos. Männer wollen in erster Linie Sex. Frauen kümmern sich um ihre Männer, logo. Aber umgekehrt? Immer wieder überkommt mich das Gefühl, dass Ehemänner in öffentlichen Darstellungen schlecht wegkommen. Ein treuer Gatte wirkt etwas langweilig. Und nicht ganz normal.

Ich habe viele treue Ehemänner erlebt. Ich habe gesehen, wie Männer am Sterbebett ihrer Frau in sich zusammengefallen sind. Männer, die täglich kommen, um ihrem Schatz zu helfen. Und ein junges Mädchen nicht notgeil anstarren, sondern ihm erzählen, wie schön sie damals war, die Einzige ...

10. Mai

»Wir müssen gleich zu Herrn Steigel. Da hat es heute Nacht eine Katastrophe gegeben!«, sagte Schwester Bianca.

Herr Steigel hatte ein T-Shirt an. Den Intimbereich bedeckte ein kleines Handtuch. Er lag im Bett, auf der mit Stuhlgang beschmutzten Decke. Der Infusionsständer stand neben ihm. Die Schnur hing mitsamt Nadel auf den Boden. Seine Unterhose und seine volle Einlage teilten sich mit mehreren ebenso schmutzigen Kissen den Boden rund ums Bett.

Ich sollte ihn fragen, ob er frühstücken wolle.

»Ich will nicht frühstücken. Ich will wissen, was mit mir los ist.«

Bianca kam herein.

Er löste seinen Blick von der Decke und sah sie mit weit aufgerissenen, ängstlichen Augen an. »Was ist los?«

»Das kann ich Ihnen auch nicht genau sagen«, gab Bianca zu. »Sie sind heute Nacht aufgestanden und wollten wahrscheinlich auf Toilette. Da sind Sie aber nicht richtig hingekommen.«

»Aber ich bin doch nicht heute Nacht …« Er sah sich im Zimmer um. »Das war ich doch nicht.«

Stille.

»Legen Sie mir die Flasche an«, bat er.

Bianca nahm die Urinflasche und legte seinen Penis hinein.

Dann breitete sie erneut ein Handtuch über ihm aus.

»Kommt was?«, fragte er leise.

Bianca spinkste unter das Handtuch. »Nein.«

Die Flasche fiel auf den Boden. Bianca hob sie auf. Legte sie wieder an.

»Ich will duschen«, sagte er.

»Ist Ihnen das nicht zu anstrengend?«, fragte Bianca.

»Ich bin doch eingesaut!«, erwiderte er barsch.

»Nein«, entgegnete sie. »Der Boden und das Bett haben was abbekommen. Aber Sie sind vollkommen sauber.«

»Also nicht duschen.«

»Das machen wir ganz von Ihnen abhängig«, sagte Bianca. »Wenn Ihnen nach duschen ist, dann duschen wir

Sie. Wenn Sie zu müde sind, machen wir lediglich Pflege im Bett. Was ist Ihnen lieber?« Stille.

»Ich möchte wissen, was mit mir los ist.« Er klang verzweifelt.

»Das kann jedem passieren«, sagte Bianca beschwichtigend. »Mir passiert es auch schon mal, dass ich nachts Dinge tue, an die ich mich später nicht mehr erinnere.«

Herr Steigel griff nach der Infusion. »Was ist denn damit?«

»Die haben Sie sich anscheinend rausgezogen.«

»Ich ziehe doch nicht meine Infusion raus!«, rief er aufgebracht.

»Also, die Nachtschwestern waren es bestimmt nicht.« Bianca versuchte es mit einem Lachen.

»Da muss doch ein Arzt kommen und sich das angucken!«

»Der Doktor wird später kommen.«

»Es muss einer im Haus sein!«

»Hier ist im Moment nur Pflegepersonal. Der Arzt kommt später.«

»Ich will wissen, was mit mir los ist. Ich will einen Arzt.«

»Sie hatten nur eine kleine Bewusstseinsstörung heute Nacht …«

»Hören Sie!«, fiel er ein. Er sprach laut und langsam: »Ich bin klar im Kopf.«

»Natürlich. Das weiß ich«, sagte sie schnell. »Es liegt wahrscheinlich an den Medikamenten.«

»Was ist los mit mir? Was soll denn das alles?«

Die Urinflasche fiel klappernd zu Boden. Sie war leer.

»Wieso liege ich hier so?«

»Es war anscheinend heute Nacht ein Zwischenfall …«, begann sie. Sie wurde ungeduldig.

»Vor allem wäre ich Ihnen sehr dankbar«, unterbrach

er, »wenn Sie ihre Lautstärke etwas drosseln würden. Danke.« Stille. »Was ist nur los mit mir?«

»Ich würde sagen, ich hänge Ihnen die Infusion wieder an. Wir säubern Ihr Zimmer.«

»Und Sie waschen mich!«

»In Ordnung. Im Bett?«

»Ja.«

Bianca füllte Wasser in die Waschschüssel, holte Lappen, Handtücher und Seife und wollte gerade mit der Pflege beginnen.

»Das ist doch kein Waschen!«, rief er böse.

Sie hielt verdutzt inne. Mit dem nassen Waschlappen hatte sie gerade über seinen Oberkörper gehen wollen.

»Sie wollten mich doch waschen!«

»Ja …«, sagte sie langsam.

»Das ist kein Waschen! Ich bin doch nicht blöd.«

»Herr Steigel: Hier ist die Schüssel. Da ist Wasser drin«, erklärte sie und zeigte auf den großen Plastikbehälter.

»Ach so«, sagte er matt und sank wieder in die Kissen zurück. »Was ist denn los mit mir?«

12. Mai

Wie unterschiedlich die Menschen sterben. Mal dauert es Sekunden, mal Tage, mal Monate. Da sind Menschen, die ihren Tod beschließen, da sind Menschen, die kämpfen. Da sind Menschen, die lächeln, und Menschen, die weinen. Es ist komisch, dass die vielen Dinge, die passieren, unter dem einen Wort »sterben« zusammengefasst werden.

Jemand schlief auf dem Sofa. Frau Heide saß im Rollstuhl und schaute aus dem Fenster. Mehrere Ehrenamtliche tummelten sich am Tisch. Es wurde gegessen, geredet und gelacht.

Plötzlich hielt Schwester Frauke inne. Frau Heides Kopf war auf die Brust gesunken. Sie bewegte sich nicht mehr. So unauffällig wie möglich näherte Frauke sich ihr, fühlte vorsichtig den Puls ...

Es war ein Morgen wie jeder andere gewesen. Wie immer war Frau Heide angezogen worden, wie immer ins Wohnzimmer gekommen. Sie war ansprechbar. Hatte deutliche Antworten auf alle Fragen gegeben.

An die scheinbare Willkür des Todes kann man sich nicht gewöhnen.

Frauke verständigte schnell andere Schwestern. Was tun? Viele Gäste waren im Wohnzimmer. Niemand hatte etwas bemerkt. Schließlich bezeichnete man es laut als Schwächeanfall und brachte die Tote auf ihr Zimmer.

nebenbei

Streng geheim

Ich hätte nie gedacht, dass in einem Hospiz der Tod derart tabuisiert wird.

»In dem Hospiz, wo ich früher gearbeitet habe, war es anders«, sagt Andreas. »Die Leute lebten viel länger, bevor sie starben. Das liegt daran, dass sich die Bestimmungen geändert haben: Früher durfte man in ein Hospiz, sobald feststand, dass man an einer Krankheit sterben würde. Heute leben zwar auch noch einige

Gäste über Monate bei uns. Aber das ist die Ausnahme. Denn die Lebenserwartung darf nur noch voraussichtlich wenige Tage bis Wochen betragen, sonst übernimmt die Krankenkasse nichts.«
»Fandest du es früher schöner?«, frage ich.
»Auf jeden Fall! Es war ein viel familiäreres Klima im Hospiz. Jeder kannte jeden. Die meisten waren monatelang da. Es hat sich einmal sogar eine kleine Liebschaft zwischen zwei Gästen entwickelt. Und wenn jemand starb, erfuhren alle davon.«
Ich bin überrascht. Schließlich wird der Tod, solange ich hier bin, streng geheim gehalten.
Leichenwagen dürfen nur frühmorgens oder spätabends kommen.
Über Verstorbene redet man nicht laut.
Als im Winter ein Sarg über den Flur geschoben wurde, hatte eine Schwester einen Gast mit sanfter Gewalt dazu bewegt, sich den Schnee im Garten anzusehen.
»Wie haben die Leute solche Nachrichten früher verkraftet?«, frage ich Andreas.
»Das ging gut. Erstens starb ja viel seltener jemand. Wenn es so weit war, hatte man häufig schon gemeinsam darauf gewartet. Außerdem ist es ja das, wozu die Menschen hier sind. Das wussten sie immer.«

Frau Steigel, die ihren Mann auf seinem letzten Weg begleitet, kommt mir entgegen. Alle Farbe ist aus ihrem Gesicht gewichen. »Da ist gerade jemand abgeholt worden, oder?«, fragt sie leise. Ich nicke. Sie schluchzt. »Ich habe den Leichenwagen vor dem Fenster gesehen. Und den Sarg. Das muss ich erst mal verkraften.«

Frau Steigels Betroffenheit ist normal. Immer trifft es Gäste und Angehörige hart, wenn sie Särge oder Leichenwagen sehen. Nur eine wunderte diese Angst. Frau Gabriel erzählte mir ungläubig kichernd: »Es ist komisch: Wenn ich am Kaffeetisch über den Tod reden will, scheinen alle taub zu werden.«

Ich ging davon aus, dass, wer in ein Hospiz geht, sich mit dem Tod abgefunden hat. Logisch: Wer in eine Anstalt zum Sterben geht, muss das Sterben annehmen, oder?
Ich bin eines Besseren belehrt worden. Den meisten wohnt ein winziger Rest verzweifelter Hoffnung inne.
Ich ging davon aus, dass lebensverlängernde Maßnahmen in einem Hospiz nicht mehr vollzogen werden.
Fehlanzeige. Ist Sondennahrung zum Beispiel nicht einfach eine lebensverlängernde Maßnahme?
»Man kann die Leute ja nicht einfach verhungern lassen! Das wäre grausam!«, ist das Argument für den Schlauch, der in den Bauch führt. Doch gegen das, was viele »Sondengäste« in ihrer letzten Zeit an Qualen durchleiden müssen, scheint mir Verhungern wie ein akzeptabler Tod. Denn: Er dauert nicht Monate.
Warum verzweifelt Frau Steigel? Weil sie *einmal* einen Sarg gesehen hat? Oder weil sie *zu selten* Särge sieht?

15. Mai

Frau Macke hat ein eingefallenes Gesicht. Falten laufen über ihre Wangen, die ihre Haut nach unten ziehen und ihr einst rundes Gesicht lang und abgelebt erscheinen lassen. Ihre Augen sind eingesunken. Ihre Lippen zusammengepresst und rissig. Ihr Gesicht ist alt. Es ist? Nein: Es war.

»Frau Macke ist sehr wächsern«, hörte ich während der Übergabe. »Sie wirkt, als könne sie jeden Augenblick sterben.«

»Ich denke, in einer Woche ist sie tot«, vermutete Christine.

Zum ersten Mal seit Wochen betrete ich das kleine Zimmer der verbitterten Frau. Ich sehe schöne, glatte Haut. Müde, aber nicht eingefallene Augen. Stramme Wangen. Ein rundes Gesicht. Rote, weiche Lippen. Frau Macke ist plötzlich um Jahrzehnte jünger geworden.

Neben ihr steht ein Foto. Das dürfte zwanzig Jahre alt sein: Eine leicht verkniesterte Dame steht höflich lächelnd da, ihren Gatten neben sich. Eine Dame, welche älter ist als die Frau Macke, der wir die Windel öffnen.

Als wir die Windel wieder schließen, ermahnt mich Christine, es nicht zu stramm zu machen, da es sonst an bestimmten Stellen kneift. Ich weiß.

18. Mai

Wir saßen zu viert auf dem Balkon. Die großen Springbrunnen im Park waren übersät mit Seerosen. Es war ruhig. Sebastian stand auf. »Ich gehe lieber noch mal zu Frau Koch.«

»Wieso?«, fragte ich. Frau Koch war ans Bett gefesselt, rührte sich seit Wochen nicht mehr.

»Sie ist heute sehr unruhig«, sagte Sebastian.

»Menschen werden vor ihrem Tod oft noch einmal sehr lebendig. Das heißt, in ein paar Tagen stirbt sie wahrscheinlich«, erklärte Frauke, als wir uns auf den Weg zu ihr machten.

Frau Koch wälzte sich im Bett herum.

»Hier ist ja alles nass!«, bemerkte Frauke.

Frau Koch hatte sich so oft gedreht, dass der Schlauch ihres Katheters an einer Verbindungsstelle auseinandergegangen war.

Frauke setzte sie auf die Bettkante. Ich wechselte all die Laken so elegant wie möglich, ohne allzu viel an Frau Koch herumzustopfen. Dann musste sich Frau Koch auf meine Seite setzen. Frauke überließ mir den schwankenden Oberkörper. Ich hielt sie fest, während Frauke im Hintergrund werkelte. Und dann …

Eine solche Umarmung habe ich noch nicht bekommen.

Frau Koch, die Bewegungslose, Abwesende, legte ihre müden Arme um meine Schulter und ließ sich in meine Arme fallen. Sie legte ihr Gesicht auf meine Brust. Und streichelte mit zittrigen Fingern meinen Kopf.

Ich umarmte sie. Und sie drückte zu. Man hörte nur noch das Rascheln von Laken.

»So, jetzt zurück auf den Rücken«, sagte Frauke. Widerwillig ließ Frau Koch sich von mir lösen. Sie klammerte sich an meine Hand. Als ich wieder in ihr Gesicht blickte, fiel mir etwas auf, das ich lange nicht mehr an ihr bemerkt hatte: Sie lächelte.

»Florentine kommt vielleicht später wieder«, kündigte Frauke an, als wir gehen mussten.

»Wäre doch in Ordnung, oder?«, fragte sie mich vor der

Tür. »Ich glaube, sie braucht jemanden, an dem sie sich festhalten kann.«

Einige Stunden später saß ich an Frau Kochs Bett, um ihr die Hand zu halten. Sie richtete sich unter großer Anstrengung auf, um mich wieder zu umarmen. Es piepste.

»Mist! Ich muss gehen. Ich versuche, später wiederzukommen. Wenn ich noch einmal Zeit habe, komme ich. Versprochen.«

Ich hatte keine Zeit mehr. Erst als es dunkel war, betrat ich den Raum zusammen mit Frauke wieder. Sie hatte sich zusammengerollt wie ein Baby. Und schlief endlich tief und fest. Wir reparierten den Schlauch ihres Katheters zum vierten Mal, ließen die Urinflecken ausnahmsweise unbeachtet und schlichen uns davon.

19. Mai

Es klingelte.

Johanna winkte ab. »Da brauchst du gar nicht erst hingehen. Wir können Frau Koch nicht helfen. Das macht eine Schwester.«

»Die sind doch alle in der Besprechung.«

»Dafür wird jemand rauskommen.«

Frau Koch wurde nicht alleine gelassen. Ob Ehrenamtliche oder FSJler: Ununterbrochen musste jemand bei ihr sein. Und dieser Jemand klingelte oft um professionelle Hilfe. Denn sie war nicht ruhigzustellen. Sie wälzte sich nicht nur; sie versuchte aufzustehen, über die Bettgitter zu klettern.

»Ich verstehe das nicht«, sagte Bianca. »Wir haben ihr

Beruhigungsmittel gegeben. Die scheinen nicht zu helfen.«

Es wurde spät. Die Ehrenamtliche musste gehen.

»Könntest du dich zu Frau Koch setzen?«, fragte Bianca vorsichtig.

Sie versuchte, Frau Koch bettfertig zu machen. Umständlich wickelten wir sie. Sie hielt nicht still. Mehr konnten wir nicht machen. Bianca ging. Ich setzte mich neben Frau Koch. Sie klammerte sich an meine Arme und zog sich zu mir. Sie legte ihren Kopf wieder an meine Brust. Ich streichelte ihren Rücken. Aber diese Position hielt sie nicht lange aus.

Bald griff sie wieder mit ihren Händen ziellos in die Luft. Legte ihre Beine über das Bettgitter. Doch als ihr linker Arm nackt vor mir lag, ergriff ich die Chance: Ich streichelte ihren Unterarm, wie ich es schon oft bei anderen getan habe. Und es zeigte dieselbe Wirkung: Sie schlief ein.

Eine Stunde lang saß ich neben ihr und strich vom Ellbogen über ihren Arm, den Handrücken hinab, bis zu den krallenartigen, seit Wochen nicht geschnittenen Fingernägeln. Ihr Atem wurde ruhig. Und leise.

Ein schriller Ton ließ mich zusammenzucken. Aus dem Lautsprecher in der Wand kam das Signal, dass ein anderer Gast Hilfe braucht. Da hatte ich Frau Koch gerade ein wenig Ruhe verschafft, und nun? Sie schlief. Nicht das leiseste Zucken ließ erahnen, dass sie von dem lauten Piepsen, das noch minutenlang anhielt, überhaupt Notiz genommen hatte.

Bianca kam herein. Ich bedeutete ihr schnell, leise zu sein. Sie blickte Frau Koch ungläubig an. In der Hand hielt sie Beruhigungsmedizin. »Die wollte ich ihr gerade geben«, flüsterte sie.

»Ich glaube, das lassen wir lieber«, sagte ich.

»Übrigens: Du kannst auch wieder rauskommen. Dann löst Johanna dich ab. Ist ja keine leichte Aufgabe.«

Ich lehnte dankend ab. Leicht war es nicht. Aber diese zauberhafte Stimmung wollte ich genießen. Während die anderen wie üblich zu Dienstende die Wäsche- und Müllsäcke austauschten, streichelte ich schweigend einen Unterarm und träumte vor mich hin. Über eine Stunde verbrachte ich bei Frau Koch. Jede Sekunde war ein Jahrhundert. Kurz bevor ich gehen wollte, wachte sie wieder auf. Wurde unruhig. Und schmiegte sich an mich wie ein ängstliches Kind.

Der Dienst war bereits vorbei. Ich war müde. Es fiel mir schwer, mich aus ihrer Umklammerung zu lösen und sie zurückzulassen.

22. Mai

Frau Mackes Akte lag auf Frau Söhnleins Schreibtisch. Das bedeutet, sie ist tot. Ich hatte nicht viel Zeit. Ich ging zu ihr. Setzte mich neben sie. Und ein Gefühl stieg in mir auf, das mich überwältigte: Ich war traurig. Ich war fest davon ausgegangen, dass Frau Mackes Tod mich ziemlich unberührt lässt.

Sie hatte mich oft gereizt. Und genervt. Aber als ich meine Hand auf ihre legte, stieg nicht Kälte in mich, womit ich gerechnet hatte. Sondern Wärme. Und dieses Gesicht, das entspannt aber verhärmt vor mir lag, rührte mich zutiefst. Sie war eine schöne Tote.

2. Juni

Ich sah Frau Selig alleine im Erker der Harmonie sitzen und ging zu ihr.

In einer Ecke wischte die Ehrenamtliche Muriel Staub. »Ich musste sie mitnehmen«, rief sie mir zu. »Sie gibt ja sonst keine Ruhe. Sie will dauernd ins Bett. Christine will das etwas herauszögern. Dann stell ich sie halt hier ab, wenn ich Staub wische. Kann sie eben aus dem Fenster gucken. Vielleicht bringt das was.«

Frau Selig hat gute Ohren. Als Muriel ihr den Rücken zuwandte, streckte sie die Zunge raus. Sie flehte mich an: »Ich will nur schlafen!«

Es ist klar, dass sie, sobald sie zehn Minuten liegt, wieder aufstehen möchte. Was soll man da machen?

»Im Sommer wird das wieder schlimm«, sagte Muriel. »Da muss ich dauernd mit den ganzen unruhigen Leuten spazieren gehen.«

Sie schob Frau Selig wieder ins Wohnzimmer.

»Oh, wie schön! Ihr geht spazieren!«, bemerkte jemand.

»Ja«, hörte Frau Selig die Frau sagen, die ihren Rollstuhl schob. »Schwester Christine hat mich dazu verdonnert.«

12. Juni

Frau Jucka stand splitternackt am Bett und stützte sich auf das Bettgitter. Ich schloss die Tür hinter mir.

Sie hob den Kopf. »Ich habe es einfach nicht geschafft«, sagte sie leise und stotternd. »Es ging so schnell. Ich habe alles dreckig gemacht. Bitte entschuldigen Sie!«

»Was ist denn passiert?«, fragte ich vorsichtig.

»Ich wollte auf Toilette gehen. Aber ich konnte nicht mehr einhalten. Und jetzt ...«

Sie ließ den Kopf auf die Brust sinken. Sie schluchzte. Ich trat näher. Auf dem Fußboden lag ihr rosafarbenes Nachthemd, voller brauner Flecken. Mein Blick fiel auf ihre braunen Beine.

Sie hielt sich noch immer zitternd am Gitter fest. Sie wandte mir wieder ihr rotes, verweintes Gesicht zu. »Entschuldigen Sie! Bitte!« Langsam tapste sie zu dem Stuhl am Waschbecken und begann sich zu waschen.

»Soll ich Ihnen helfen?«, fragte ich.

»Nein, machen Sie lieber das Klo sauber. Es ist mir so peinlich.«

»Das muss es aber nicht«, erwiderte ich.

»Doch. Jetzt müssen Sie meine Scheiße wegwischen.«

Ich merkte, dass sie allein sein wollte. Ich ging also in das kleine Badezimmer. Nachdem ich für Ordnung und ein offenes Fenster gesorgt hatte, spinkste ich wieder in Frau Juckas Zimmer.

Sie lag auf dem Bett und trug ein frisches Nachthemd. Es war ihr unangenehm, als ich mit einem Waschlappen die letzten Reste Verdauung entfernte.

Sie lag im Bett und weinte. »Es ist mir so peinlich ...«, stammelte Frau Jucka. »Dass Sie das machen müssen.«

»Aber das tun wir freiwillig«, erwiderte ich. »Wir machen ein Freiwilliges Soziales Jahr. Wir können jederzeit aufhören. Aber wir hören nicht auf. Weil es uns Spaß macht.«

»Es macht Ihnen doch nicht Spaß, alten Menschen den Hintern abzuwischen!«, entgegnete Frau Jucka.

»Es handelt sich um eine Aufgabe von vielleicht zehn Minuten. Damit können wir problemlos leben. Außerdem sind Sie ja kein altes Schrapnell. Ich zumindest bin gerne bei Ihnen. Und Hintern abzuwischen wird mir das nicht so schnell verderben.«

Frau Jucka tätschelte meine Hand. »Jetzt kommen die Komplimente«, sagte sie. »Das haben Sie gut auswendig gelernt.«

Sie hatte recht: Das waren Sätze, die jede Schwester sagt. Auch wenn sie sich danach im Schwesternzimmer mit Ekel über die dünnflüssige Verdauung der Frau auf Zimmer 1 auslässt.

Ich hatte diese Sätze ernst gemeint. Aber es war logisch, dass Frau Jucka sie nicht ernst nahm.

13. Juni

Frau Jucka lag im Bett. Angezogen, gewaschen.

»Guten Morgen!« Sie lächelte.

»Guten Morgen«, sagte ich. »Kann ich Ihnen noch bei irgendetwas behilflich sein?«

»Ich bin fertig.« Sie wusste, dass ich geschickt worden war. »Ich bin schon um halb sechs aufgewacht und hab mir ein kleines Fußbad gemacht. Da kam direkt eine Schwester und sagte ›Das schaffen Sie doch nicht alleine!‹, und hat eine zweite Schwester geholt, um mir zu helfen. Ich hasse das.«

Ich weiß, dachte ich. Frau Jucka begann zu erzählen. Ich weiß nicht mehr, was sie alles sagte. Doch ich setzte mich schließlich auf die Bettkante und hörte einfach zu. Sie kam von der Morgenwäsche auf Parfüm.

»Heutzutage sind in so 'nem Fläschchen Parfüm ja nur noch drei Tropfen reines Parfüm und der Rest ist Wasser.

Und dann zahlen Sie dafür 40 Euro. Früher war das anders. Da waren in einem Fläschchen vierzig Tropfen und wir haben 20 Mark bezahlt.«

Vom Parfüm auf ihre Jugend. Auf den Krieg. Es war so viel, ich erinnere mich kaum. Sie sprach mit schwerfälliger Stimme. Ich musste mich konzentrieren, um sie zu verstehen. Aber es war spannend. Schließlich sah ich auf die Uhr: Über eine halbe Stunde war vergangen. Ich musste gehen.

Eine Viertelstunde später saß ich wieder auf der Bettkante. Sie redete. Und redete. Und redete. Manchmal fragte sie mich nach meiner Meinung. Doch man kann es nicht als Gespräch bezeichnen. Ich war nur Zuhörerin. Ich saß da und hörte einfach zu und schluckte viele Kommentare, die mir einfielen, runter. Ich berührte sie nicht. Ich war nur da.

»Ich liege den ganzen Tag im Bett. Aber es geht nicht anders. Ich will nicht in den Rollstuhl. Das ist unter meiner Würde. So viele rollen täglich die Gänge rauf und runter. Wie halten die das aus? Ich könnte das nicht. Oder vorhin die Schwester: Die hat das Frühstück abgeräumt. Und dann immer wieder gefragt: ›Soll ich das auch mitnehmen? Das auch? Das auch?‹ Das finde ich furchtbar!«

»Die Schwester kennt Sie ja noch nicht so gut«, sagte ich. »Es gibt Gäste, die sehr schüchtern sind. Sie wollte nur sichergehen, dass sie nichts Falsches mitnimmt, was Sie noch brauchen …«

»Dann hätte ich schon geschrien. Keine Sorge.«

Stille. »Hier sind dicke Wände im Haus«, meinte sie. »Es ist immer so still. Nie hört man andere weinen. Und niemand hört mich. Ich habe vorhin da im Stuhl gesessen und zwanzig Minuten lang nur geweint. Wenn ich jetzt noch mal geboren werden würde: Ich würde alles anders machen.« Was für ein schrecklicher Satz.

»Mein Enkel hat vorhin angerufen. Ich habe gefragt, was er so macht. Er sagte: ›Och, ich war gestern turnen.‹ Da habe ich sofort aufgelegt. Kein Wort mehr. Das kann er doch nicht sagen! Mir, einer Frau, die nur in den Kissen liegt. ›Ich war spazieren‹ oder so, das wäre in Ordnung gewesen. ›Ich habe geschrieben‹ oder so – kein Problem. Aber er kann mir doch nicht einfach sagen ›Ich war turnen‹!«

Sie starrte an die Decke. Ihr Gesicht zitterte.

»Ich wünschte, ich wäre blöde. Wenn ich das alles wenigstens nicht mehr mitbekommen würde. Aber hier liege ich und werde langsam schwächer. Ich hätte gerne noch zehn Jahre gehabt. Manchmal sehe ich ihn«, sagte Frau Jucka leise. »Manchmal ist er hier im Zimmer. Er sieht immer wieder anders aus. Mal eine Frau. Mal ein Kind. Ein kleiner Ministrant. Und dann bereitet dieser kleine Ministrant alles vor. Zur letzten Messe. Und er lacht. Ist das nicht furchtbar? Dass er auch noch lacht.«

»Wer denn?«

»Der Tod. Ich meine, es ist schlimm genug, dass er da ist. Aber ihn lachen zu hören …«

14. Juni

Der ganze Vormittag war von einem Wort geprägt: anreichen.

Im Klartext: füttern. Also nichts zu tun, mag man denken. Ich habe heute kein geschlossenes System gewechselt, keine Menschen gedreht, keine Hintern abgewischt. Doch ich stieß an die Grenzen meiner Geduld.

Frau Selig klingelte schon kurz nach der Übergabe. Und

bald saß ich mit dem in kleine Häppchen geschnittenen Brötchen an ihrem Bett. Mit der kleinen Kuchengabel spießte ich ein Stück auf. Führte es in ihren hin und her wackelnden Mund. Sie kaute und schluckte. Was sich in vier Worten sagen lässt, dauerte eine halbe Stunde.

Da war Andreas gerade bei Frau Stollfuss fertig, die seit gestern bei uns wohnt. Gemeinsam halfen wir ihr, den Flur entlang ins Wohnzimmer zu gehen. Sie blickte konzentriert auf ihre Füße. Ich konnte sehen, welche Anstrengung es für sie bedeutete, geradeaus zu gehen. Immer wieder mussten wir sie mit sanfter Gewalt an die richtige Richtung erinnern.

»Das Wohnzimmer ist links. Nein, da drüben.«

Ich hatte Frau Stollfuss noch nie Essen angereicht. Nun legte ich ihr das Lätzchen um den Hals. Für so ein Brötchen braucht ein gesunder Mensch ein paar Minuten.

Ich legte ein Stück in den kaum geöffneten Mund. Sie kaute. Ich legte die Gabel auf den Teller und wartete, blickte aus dem Fenster, träumte vor mich hin ... Ich wandte mich ihr wieder zu und wollte das nächste Stück anreichen. Erst jetzt bemerkte ich, dass sie nicht weiterkaute. Es dauerte einige Zeit, bis ich den Mechanismus durchschaut hatte: Wenn ich die Gabel mit einem Stück Brötchen darauf in der Hand hielt, kaute Frau Stollfuss fleißig. Doch sobald ich die Gabel weglegte, schien ihr Gehirn das Programm »Essen« ad acta zu legen. Sie bewegte den Kiefer nicht mehr, das Essen lag minutenlang unbeachtet in ihrem Mund. Anscheinend muss sie ständig sehen, worum es geht. Ich hielt ihr also schließlich nonstop ein Stück Brötchen vor die Augen, damit sie weiteraß.

Ununterbrochen schnalzte sie mit der Zunge. Zum Multitasking ist sie nicht mehr in der Lage. Sobald ihre Aufmerksamkeit auch nur durch ein Klappern in der Küche abgelenkt wurde, hörte sie auf zu kauen. Und das in einem Raum, in dem ein ständiges Kommen und Gehen herrscht. Es dauerte. Ich blickte auf die Uhr.

Für das Brötchen brauchte sie 50 Minuten. 50 Minuten lang saß ich neben einer unruhigen Frau und war damit beschäftigt, sie daran zu erinnern, dass da noch etwas zu essen war. Ich wurde ungeduldig. Ich war müde. Und diese Tätigkeit brachte meinen Geist und Körper nicht gerade in Schwung. Wenn ich sie so aufschreibe, klingt diese Aufgabe simpel, ja gemütlich. Ich hätte am liebsten geschrien.

Spätestens eine Stunde später wurde ich regelrecht wütend.

Nach Frau Stollfuss hatte ich Herrn Gottlob das Frühstück angereicht. Der Mann war eine Erfüllung: Er schlang sein Essen herunter. Innerhalb weniger Minuten war nichts mehr übrig. Doch dieses ganze Anreichen hatte so viel Zeit in Anspruch genommen, dass es bald wieder Mittagessen gab.

»Kannst du beiden gleichzeitig helfen?«, bat Andreas.

Ich saß am Tisch, Frau Stollfuss zu meiner Rechten, Herrn Gottlob zu meiner Linken.

Er sperrte den Mund auf und schlang sein Hühnerfrikassee herunter. Sie schnalzte bebend vor sich hin, die Hälfte des Essens fiel wieder aus ihrem Mund. Ich wollte mich Herrn Gottlob zuwenden, da zog sie an mir und drückte mir einen von vielen sahnesoßigen Küsschen auf die Wange.

Herr Gottlob blickte wie immer fragend in die Luft und sperrte den Mund auf. Sie schnalzte mit der Zunge. Ich reichte an. Der Boden war übersät mit Reiskörnern.

16. Juni

»Herr Striegel hat nach dir gefragt«, war das Erste, was ich nach meinem freien Wochenende zu hören bekam.

»Wirklich?«, antwortete ich verblüfft. Ich hatte ihn schließlich erst ein Mal gesehen.

»Ja. Hat gefragt, wo die junge Frau ist, die italienisch aussieht und die immer so schön lacht.«

Ich wollte zu ihm gehen, denn ich musste ihm etwas mitteilen: Gerade hatte ich meine erste Fahrt mit dem Roller in diesem Jahr hinter mir. Als ich letzten Freitag bei ihm gewesen war, um Medikamente abzustellen, hatte ich kurze Zeit später auf der Bettkante gesessen, mir alte Fotos angesehen und ihm schließlich von meiner kleinen, feinen Vespa erzählt.

»Eine Vespa!« Er war sofort Feuer und Flamme gewesen, hatte mich nach Baujahr und anderen Dingen ausgefragt, auf die ich gar keine Antwort geben konnte. Und zuletzt hatte er sein Portemonnaie geöffnet und mir fünf Euro in die Hand gedrückt: »Für die erste Tankfüllung.«

Diese fünf Euro hatte ich heute investiert. Davon musste ich dem gut aussehenden 70-Jährigen natürlich berichten.

Doch Herr Striegel war nicht da. Als einer der wenigen konnte er mit seiner Tochter im großen Park spazieren gehen. Den ganzen Abend sah ich ihn nicht. Die Schwestern fingen an zu tuscheln: Wo bleibt der Mann?

Bis durch einen Anruf sorgenvolle Gesichter und heftige Diskussionen entstanden. Nur langsam bekam ich ein Bild von der Situation: Herr Striegel hat ein Motorrad, mit dem seine Tochter ihn heute besucht hatte. Er wollte noch einmal damit fahren. Das geht eigentlich nicht: Er ist zwar geistig topfit, aber nach wie vor todkrank. Es bedeutete schon viel, ihn von seinen Schläuchen zu lösen und spazieren gehen zu lassen. Jetzt auch noch selbst fahren?

Herr Striegel hatte sich einfach den Schlüssel genommen und war weggefahren. Keiner wusste, wohin. Sogar seine Tochter hatte er überlistet; sie war auf der Toilette, als er sich davonstahl. Und noch verdutztere Gesichter setzten die Schwestern auf, als abends ein lautes Brummen von der Straße hereindrang. Einige Sekunden später stand Herrn Striegels Ducati auf dem Parkplatz und er meldete sich strahlend im Schwesternzimmer zurück.

»Als ob nichts gewesen wäre!«, kommentierten einige zornig. Stundenlang war er herumgefahren und hatte problemlos den Weg zurückgefunden. Alleine, gemütlich, ohne Hilfe. Seine Tochter hatte sich in der Zwischenzeit abholen lassen. Sie war böse, dass er einfach weggefahren und sie in ihrer Sorge zurückgelassen hatte.

Ich sollte ihm sein Abendessen bringen.

»Glauben Sie, mein Motorrad steht auf dem Parkplatz sicher über Nacht?«, begann er und offenbarte mir alles über seine Ducati, fragte nach einer Werkstatt in der Nähe. Als ich ihm erzählte, dass meine Vespa nun vor der Tür steht, geriet er restlos außer sich, überforderte mich mit seinen Fragen. Ich hätte am liebsten meinen Bruder neben ihn gesetzt.

Er holte wieder sein Portemonnaie hervor und drückte mir fünf Euro in die Hand: »Für die nächste Tankfüllung.«

»Gute Nacht«, sagte ich und wollte gehen.

»Grüßen Sie Ihre Mutter von mir!«, rief er.

»Meine Mutter?«, wiederholte ich irritiert. »Woher kennen Sie sie?«

»Gar nicht. Aber ich habe gerade das Bedürfnis, sie zu grüßen.«

»Was, wenn er im Graben gelandet wäre?«, hörte ich

später von einigen Schwestern. Sein Verhalten wird als sehr unverantwortlich eingestuft. Das stimmt ja auch. Aber andererseits: »Dann hätte er sterben können. Na und?«, war meine trockene Antwort. Das klingt fies. Aber ich kann ihn so gut verstehen.

»Heute war wahrscheinlich die letzte Gelegenheit in meinem Leben, Motorrad zu fahren«, hatte er mir gesagt.

Diese Chance sausen lassen, nur aus Vernunftgründen? Sterben wird er sowieso; der Graben hätte es nur etwas unkomplizierter gestaltet.

Er hätte auch andere Menschen gefährden können. Das interessiert ihn nicht mehr. Es ist nicht richtig, sich so egoistisch zu verhalten. Aber verständlich. Einfach noch einmal leben. Ein letztes Mal!

18. Juni

»Kann ich Ihnen noch einen Gefallen tun?«, fragte ich Frau Jucka.

»Das ist ein schöner Satz.«

Wie habe ich mich über diese Bemerkung gefreut! Denn der Satz gehört zu meinem selbst erarbeiteten Repertoire.

Ein Mensch liegt mit geschlossenen Augen vor mir. Er sagt keinen Ton. Ich bin mir nicht sicher, ob ich gehen kann. Da ist die übliche Frage: »Brauchen Sie noch etwas?«

Doch auf diese Frage habe ich schon bittere Antworten bekommen: »Gesundheit!«

Ich kann unseren Gästen kaum etwas geben, was sie wirklich brauchen. Ich kann ihnen meistens nur kleine Gefallen tun, um ihnen den Tag so schön wie möglich zu machen. Deshalb habe ich mir diese »Abschiedsfrage« zurechtgelegt. Wenigstens bei Frau Jucka habe ich damit die richtigen Worte gefunden. Worte, die nicht zu sehr an die Krankheit und an die ausweglose Situation erinnern.

»Nein, im Moment …« Sie schloss die Augen.

27. Juni

»Herr Mürbe wird seiner Frau bald folgen.« Er nahm rapide ab. Hörte auf zu sprechen, aß nicht mehr, entwickelte sich vom Vielklingler zum stillen Mäuschen. Nun, da auch noch seine Frau tot ist, wird er endgültig in sich zusammenklappen. So weit die Logik. Vor einer Woche hatte Frau Mürbe das Zeitliche gesegnet. Da lag ihr Mann noch bewegungslos im Bett, reagierte auf nichts und nahm nichts zu sich.

Heute saß er auf der Terrasse, das Gesicht im strahlenden Sonnenschein, und ließ sich von mir Eis anreichen.

»Noch eins.« Ich brachte ihm noch ein Eis.

»Kann ich einen Cappuccino kriegen?«

Er ist wieder wach.

Vergleiche

»Soll ich das Licht anlassen?«
Herr Mürbe sieht mich überrascht an. »Weiß nicht … Wie viel Uhr ist denn?«
»Wir haben halb neun.«
»Und ich darf jetzt entscheiden … Gott, ist es schön hier.«
Dass ein Gast selbst bestimmen darf, wann das Licht gelöscht wird, ist nicht selbstverständlich. Die meisten kommen aus dem Krankenhaus zu uns. Und reagieren befremdet, wenn wir sie bis zehn Uhr schlafen lassen. Im Krankenhaus werden um sieben die Vorhänge aufgerissen. Und um acht Uhr abends das Licht gelöscht. Punkt.

»Jetzt drehen Sie sich bitte auf die andere Seite«, sagte Gülay zu Herrn Steigel, als wir die Windeln wechselten.
»Es ist unglaublich«, kommentierte er.
»Was ist unglaublich?«, fragte ich.
»Wie viel Zeit Sie sich nehmen. Im Krankenhaus kamen immer nur Befehle: Nach links drehen! Nach rechts! Die hatten höchstens zehn Minuten.«
Wer aus einer Palliativstation in dieses Hospiz kommt, fühlt sich wie im Paradies. Hier hat jeder ein Einzelzimmer. Wenn man klingelt, kommt sofort ein Pfleger. Und wenn man Vanilleeis mit Sahne will: kein Problem.
2 bis 4 Schwestern und FSJler bestreiten den Dienst. Die braucht man auch für zehn Gäste. Wir sind häufig

ausgelastet. Da frage ich mich: Wie schaffen die das in anderen Einrichtungen? Denn wir sind ein sehr gut besetztes Haus.
Auf dem letzten Seminar erzählte Melissa von ihrer Einsatzstelle: Sie arbeitet in einem Behindertenwohnheim. Dreißig Bewohner. Doch den Dienst bestreitet sie mit nur einer Schwester an ihrer Seite. Das ist in vielen sozialen Einrichtungen Deutschlands der Alltag, wie ich mitbekommen habe. Mein Hospiz ist kein Maßstab.

Es passieren immer wieder Dinge, die mir nicht gefallen. Vor allem im zwischenmenschlichen Bereich. Das ist für viele Gäste wahrscheinlich gar nicht so schlimm. Ihre Erwartungen werden dennoch übertroffen. Sie sind Demütigungen gewohnt. Sie sind es gewohnt, schnell herumgeschoben und liegen gelassen zu werden. Sie sind es gewohnt, dass eine Schwester sagt »Ich komme gleich zurück«, und nicht wieder auftaucht. Weil elf andere Menschen diese Schwester auch beanspruchen. Dagegen werden sie hier wie Könige behandelt. Dieses Hospiz ist ein Paradies. Dass unsere Gäste erstaunt sind über die Freundlichkeit und die Zeit, die wir uns für sie nehmen, ist traurig.

28. Juni

Frau Jucka klingelte. Sie, die ihr Zimmer nicht verlässt, weil sie die Entwürdigung, Rollstuhl zu fahren, nicht erträgt. Sie, die nie klingelt, die keine Arbeit machen will.

Frau Jucka lag bäuchlings auf dem Bett. Quer. Splitternackt. Das Gesicht in die Matratze gedrückt, die Füße hingen auf dem Boden. Durch die zugezogenen Vorhänge schimmerte schwach die Morgensonne. Es war still. Sie hob den Kopf nicht, als ich eintrat.

»Guten Morgen.« Ich schloss die Tür hinter mir. »Frau Jucka?« Sie reagierte nicht. Ich setzte mich neben sie aufs Bett. Ihr Rücken zuckte. Vielleicht hörte sie mich nicht, weil sie weinte? Ich legte meine Hand auf ihren Rücken.

»Diese sanfte Hand«, entfuhr es ihr gereizt. »Furchtbar!«

Ich zog meine Hand zurück. »Bitte entschuldigen Sie.«

»Diese Hand hat mich verletzt und betrogen.«

»Das wusste ich nicht.«

Sie lachte bitter. »Ja, ja.«

»Ich will Ihnen auf jeden Fall nicht wehtun.«

Stille. »Holen Sie doch mal jemanden, der mir hilft.«

»Ich bin da, um Ihnen zu helfen.«

Mühselig drehte sie sich um. »Sind Sie der Ministrant?«

»Frau Jucka will sterben«, teilte mir eine Schwester mit. »Sie hat sich mit dem Tod abgefunden und begreift nicht, warum der liebe Gott sie nicht endlich zu sich nimmt. Aber sie kann sich ruhigstellen lassen. Doktor Raatz wird heute mal mit ihr darüber reden.«

»Ruhigstellen? Was ist das?«

»Da wird man an eine Infusion gehängt und steht permanent unter starken Beruhigungsmitteln. Man schläft quasi nur noch. Dann kriegt sie ihr eigenes Ende nicht mehr mit.«

Sterbehilfe ist verboten. Dämmerhilfe nicht. Komisch.

Frau Gabriel ist mir allgegenwärtig. Was für ein besonderer Mensch sie war, kann ich nur langsam verstehen.

Frau Gabriel war eine nette alte Dame, die keinerlei Schwierigkeiten machte. Die für jeden ein offenes Ohr und ein offenes Herz hatte. Alles sah so einfach aus. Sie war einfach da, redete über den Tod und genoss einfach das Leben. Ich sah sie nie weinen oder kämpfen. Dafür war die Selbstverständlichkeit, mit der sie den Tod in ihr Leben einbezog, zu groß. Wie bei Balletttänzern. Je perfekter sie ihr Fach beherrschen, umso mehr hat man das Gefühl, dass man einfach mittanzen könnte. Erst jetzt, wo ich viele Menschen habe leiden sehen, wird mir bewusst, dass auf Zimmer 10 die Kraft lag.

7

3. Juli

Ich habe mir eine Woche Urlaub genommen. An meinem Geburtstag wollte ich irgendwohin, wo ich abgelenkt sein würde von Ministranten und Rollatoren.

Und ich vermisste mein Rheinland. Seit Monaten war ich nicht nach Hause gefahren, weil mir die Anreise zu lang und zu teuer war. Aber mein Geburtstag in der kleinen Einzimmerwohnung? Da nahm ich lieber ein paar Stunden Zugfahrt in Kauf.

Heute ging ich mit meiner Schwester ins Freibad. Da lagen wir auf der grünen Wiese, über uns der wolkenlose Himmel, umgeben von jungen Menschen. Meine Definition von »Alter« hat sich eindeutig geändert. Ein Paar, das gemeinsam vom Dreimeterbrett springt – das kann gerne schon über fünfzig Jahre alt sein, da mögen sich sogar erste Altersflecken herausbilden. Draufgekackt! Es kann springen! Hier waren Menschen, die sich bewegen konnten. Hier wurde nicht nach Würde gefragt. Sie war da. Das war der richtige Ort für meinen Geburtstag. Weit weg vom Tod. Und weg von den zwei Worten, die sich müde Schwestern alle paar Wochen während der Übergabe notierten: *Allgemeinzustand: sterblich.*

»Kommst du mit ins Wasser?«, fragte meine Schwester.

»Och, weißt du …«, antwortete ich träge. Sogar der Weg zum Becken war mir zu lang. »Gib mir noch fünf Minuten.«

Sie lachte und ging. Ich schloss die Augen. Ich roch Chlor und Sonnencreme. Kein Desinfektionsmittel. Um mich herum die Geräusche von Leben. Kein Rascheln von Bettwäsche. Kein Schnaufen eines Sauerstoffgerätes. Ich hörte nur Lachen und laute Gespräche und das regelmäßige *Platsch* vom Dreimeterbrett. Ein paar Meter links von mir befand sich das Kinderbecken mit einer riesigen Rutsche. Eins nach dem anderen ließen sich die Kinder hinuntersausen, um sich sofort wieder in die lange Schlange hinter der Rutsche einzureihen. Ich hörte ihrem Kreischen und Platschen zu. Fast wäre ich darüber eingedöst.

Plötzlich schrie jemand. Das Platschen blieb aus. Ich öffnete die Augen. Ein Mann zog ein kleines Mädchen von etwa fünf Jahren aus dem Becken. Und nun kam ein neues Geräusch hinzu. Das Mädchen saß am Beckenrand und hustete und keuchte. Seine Mutter klopfte ihm kräftig auf den Rücken. Das Platschen und Kreischen im Hintergrund fing wieder an. Das Mädchen hustete noch immer. Es wurde blasser. Andere Kinder sahen es ratlos an, während die Mutter verzweifelt klopfte. Es würgte, als müsse es sich erbrechen. Der Mann rannte zum Bademeister und rief um Hilfe.

Endlich spritzte Wasser aus dem Mund des Mädchens. Ein paar Kinder wichen zurück. Das Mädchen sank in die Arme seiner Mutter und weinte. Der Bademeister war angekommen, fühlte seinen Puls und nickte. Es wurde wieder still. Nur das fast rhythmische Platschen und Kreischen.

Ich zog meinen Taschenkalender und einen Kuli aus meinem Rucksack und notierte zwei seltsame Wörter:

Allgemeinzustand: sterblich.

6. Juli

Behutsam nahm ich Frau Seligs kalte Hand und schob ein Gingkoblatt aus dem Park zwischen ihre Finger. Ich ließ mich auf den Stuhl neben ihrem Bett fallen und betrachtete sie. Nein, ein schöner Anblick war sie nicht. Zahnlos und mit eingezogenen Lippen lag sie da, das Gesicht so bleich, als wäre sie schon vor Tagen gestorben. Dabei war es erst ein paar Stunden her. Ihre halb geöffneten Augen machten den Eindruck, als sei sie todmüde. Das traf auch auf mich zu. Die Schwestern hatten sich im Schwesternzimmer versammelt, und ich genehmigte mir einen kleinen Urlaub auf Zimmer 8.

Ich hatte keinen schweren Dienst hinter mir. Dennoch war er ungeheuer anstrengend.

Während meines kleinen Urlaubs hatte ich es eine Woche lang vor allem genossen, niemanden füttern zu müssen.

Als ich heute im Wohnzimmer saß, bestätigte sich das Gefühl, mit dem ich letzte Woche das Hospiz verlassen hatte: So viele Gäste, denen es Essen anzureichen gilt, habe ich in meinen zehn Monaten noch nicht erlebt.

Wo liegt das Problem? Mund auf, Essen rein, kauen, schlucken. Eine vergleichsweise angenehme Tätigkeit. Ohne Handschuhe, ohne Intimitäten, in heiterer Runde. Es strengte mich an.

Der Erste spuckte Essen inklusive Schleim wieder aus.

Die Zweite grinste mich die ganze Zeit an, ruckte mit dem Kopf in alle Himmelsrichtungen und konnte nur kauen, wenn man sie immer wieder daran erinnerte.

Essen anreichen dauert. Es ist mit viel Husten, Spucken

und Servietten verbunden. Das ist erträglich, wenn man es mal macht. Doch zurzeit ist das Haus so voll von hilflosen Bettlägerigen; ich habe einen Großteil des Dienstes über Geflügelsalat in verkrampfte Münder gezwängt.

Es piepste. Ich löste meinen Blick von Frau Selig und stand auf.

Ich betrat Frau Juckas Zimmer. Im Halbdunkel konnte ich sie kaum sehen. Sie lag auf der Seite, zugedeckt. Der Katheter guckte unter der Bettdecke hervor. An den Tragegriff, der über ihrem Bett hing, war die Klingel gebunden. Ihr Gesicht wurde durch das Bettgitter verdeckt. Heben kann sie ihren Kopf nicht mehr.

»Hallo.«

»Hallo«, antwortete sie.

Ich trat ans Bett. Durch die großen Fenster schimmerte ein letzter Rest Tageslicht herein. Die zwei Uhren tickten.

Sie hielt die Klingel immer noch fest umklammert. Ich sah sie fragend an. Sie erwiderte den Blick.

»Was kann ich für Sie tun?«, fragte ich. Sie runzelte die Stirn. »Sie haben geklingelt«, fügte ich hinzu.

»Ja.« Ich berührte ihre Hand. Sie löste sich von der Klingel und tastete sich am grauen Kabel entlang.

»Sie müssen mir helfen«, krächzte sie leise. Ich beugte mich weiter vor. Ihre Stimme war schwach.

»Wobei muss ich Ihnen helfen?«

Mit beiden Händen umklammerte sie das Kabel. »Mein Vater ist tot«, sagte die 83-Jährige tonlos. »Meine Mutter ist tot. Meine Schwester ist tot. Oh Christ! Oh Christ!«

Die zwei Uhren tickten. Tick. Tack.

»Ich kann Ihnen nicht helfen.«

»Oh Christ! Oh grässlich!«, nuschelte sie. Tick. Tack. »Helfen Sie mir.«

»Wie denn?«, hakte ich nach.

»Väterlicher. Mütterlicher. Kameradschaftlicher.«

»Aber ich weiß ja nicht einmal, wobei ich Ihnen helfen soll.«

»Oh Christ. Oh grässlich. Grässlich.«

Tick. Im Park gingen kleine Lichter an. Tack.

»Oh bitterlich, bitterlich habt ihr mich enttäuscht.« Sie knetete das graue Kabel. »Oh bitterlich, bitterlich habt ihr mich enttäuscht.« Sie schloss die Augen. »Oh bitterlich, bitterlich habt ihr mich enttäuscht.« Tick. Tack. »Oh bitterlich, bitterlich habt ihr mich enttäuscht.« Tick. Tack. Ich ging langsam rückwärts. »Oh Christ. Oh Christ. Oh grässlich.«

Frau Jucka atmete tiefer. »Grässlich.«

Ich wollte mich aus dem Zimmer schleichen.

»Sie brauchen sich nicht in die Ecke zu stellen«, bemerkte Frau Jucka.

Ich trat wieder näher. »Helfen Sie mir. Vier Beerdigungen. Einfach so. Oh bitterlich, bitterlich habt ihr mich enttäuscht.«

Ich kniete mich hin und sah ihr in die Augen. »Wir können nicht alles. Wir versuchen Ihnen zu helfen. Aber es gibt Bereiche, in denen können wir nicht helfen. Das ist so.«

»Ich weiß. Helfen Sie mir.«

»Wobei denn?«

»Sie könnten zum Beispiel meinen Staubsauger reinigen.«

»Und wo ist Ihr Staubsauger?«

»In der Hose.«

Ich holte eine Waschschüssel und Toilettenpapier. Sie schwieg.

Erst als ich fertig war und den Raum verlassen wollte, meldete sich hinter mir plötzlich eine laute Stimme: »Seien Sie mir nicht böse! Bitte, bitte seien Sie mir nicht böse!«

9. Juli

Ich möchte brüllen. Ich möchte brüllen wie die Frau auf Zimmer 3. Sie heult permanent. Kein »erwachsenes« Weinen, kein elegisches Jammern. Sie heult wie ein Mädchen, das seinen Lolli nicht bekommt. Von morgens bis abends schallt ein lautes »AAAAAAAAAAAAHHHHHH! AAAAAAAAAHHHHHHHHHH! AAAAAAAAHHHHHH!« durch das ganze Haus.

Nun gilt es, zu lächeln, Mut zu machen oder wenigstens betroffen zu sein.

Aber heute ... Sie ist die Fünfte, der Essen angereicht werden muss. Es kotzt mich an, den ganzen Tag über Bewegungsunfähigen Essen zwischen die Zähne zu stopfen, um genau dieses Essen eine Stunde später als Verdauung unten wieder abzuwischen. Und es soll mir kein Sozialpapst kommen, der mir entsetzt weismachen will, ich sei die Einzige mit solchen Gefühlen.

Wir rennen. Gesehen wird, was wir nicht schaffen.

»Wird sie eigentlich auch mal trockengelegt?«, fragte der Gatte der Jammernden misstrauisch.

»Nein! NIE!«, hätte ich am liebsten geschrien.

Eine halbe Stunde später gab es auch schon Abendessen. Ich reichte ihr eine Scheibe Toast mit Champignons an.

»Jetzt kommt die Suppe.«

»Das ist das erste Mal«, sagte sie.

»Wie bitte?«

»Das ist das erste Mal in meinem Leben, dass die Suppe zum Schluss kommt«, erklärte sie bitter.

Sterbende stellt man sich weise vor, auf das Wesentliche konzentriert.

»Ich brauche Wasser«, sagte ein Gast.

»Gut, bringe ich Ihnen«, brüllte ich (sonst würde die Schwerhörige kein Wort verstehen).

»Aber Gerolsteiner!«

»O. k.« (Anderes haben wir gar nicht.)

»Wirklich, Gerolsteiner!«

»Ja.«

»Nicht vergessen! Gerolsteiner!«

War das schon immer und überall so? Sagte früher der Sterbende zu seinem Enkel: »Hol mir Wasser, aber von der Quelle neben der Linde. Hast du gehört? Nicht von der Quelle beim Ahorn.«

»Ja.«

»Nicht vergessen! Es muss von der Quelle neben der Linde sein!«

»Ja.«

»Nicht beim Ahorn!«

Mit dem Tod verbinden wir nach wie vor eine märchenhafte Abgeklärtheit. Die ist aber nur selten da. Es geht um Nichtigkeiten. Andererseits, Hospiz hin oder her: Auch hier liegen die Menschen in Einzelzimmern und sind allein. Die Menschen anderer Zeiten und anderer Kulturen lagen sicher nicht in einem Zelt weit außerhalb des Dorfes und hatten eine Klingel, wenn sie mal aufs Klo mussten.

WOZU DAS ALLES?

Alle, die hier sterben, werden am Leben gehalten, haben mitunter Schläuche in ihrem Körper, die direkt zur Sondennahrung oder zum schmucken Urinbeutel führen.

Gott, gib mir Kraft! Gib mir die Kraft, Ja zu sagen: Ja, ich sterbe. Ich will nicht zwei Monate mehr Leben geschenkt bekommen, um zu schreien und zu wimmern.

Man ist entzückt darüber, wie viel die Schulmedizin geschafft hat. »Ach, früher, da mussten die Menschen leiden …«

Und heute? Heute leiden sie nicht, man spritzt Morphin, und sie halten die Klappe. Sie zucken nur noch ein bisschen. Für fünf, sechs Monate. Welch sanfter Tod!

Heute habe ich es nicht mehr ausgehalten. Es hat mich angestrengt, für andere da zu sein. Ich möchte wieder für mich da sein. Langsam ist auch mal gut. Noch 36 Tage.

10. Juli

Herr Mürbe ließ sich von Gülay und mir waschen. Seine Bewegungen sind langsam, aber er ist hellwach. Wir drehten ihn auf die Seite. Gülay wusch seinen Rücken. Seine Hand lag auf meiner Taille. Und rutschte allmählich höher …

»Herr Mürbe«, drohte ich scherzhaft.

Er ließ kurz ab – und streichelte dann leicht über meine Brust: »Ich bin zwar alt, aber ich kann es noch immer genießen.«

Ich ließ ihn tatsächlich, bis Gülay fertig war, meine Brust berühren. So viele Dinge klingen komisch, wenn man sie aufschreibt.

Jeder Mann, der mich anmacht, strahlt aus: »Ich will leben. Ich habe Lust zu leben. Bis zum letzten Atemzug!«

Wahrscheinlich kann ich den Männern im Hospiz deshalb ihre Aufdringlichkeiten so leicht verzeihen: Weil sie ein Ausdruck der Lebenslust sind. Ich habe heute viele Verzweifelte gesehen. Eine Frau, die abends noch bat: »Bitte, bitte, nehmen Sie mir mein Verhalten nicht übel …«

Wie gut tut es da, von einem Mann angemacht zu werden!

12. Juli

Auf den Tischen stehen Heilsalben, Rosenextrakt und Gemüsesäfte. Das Zimmer ist hell, durch die großen Fenster schimmert die Morgensonne herein und wirft ihr Licht auf Stillleben, die an der Wand hängen. Im Hintergrund läuft sanfte Klaviermusik. Auf dem Nachttisch steht das Foto einer alten, schlanken Dame. Sie hat ein faltiges, lachendes Gesicht.

»Das ist sie«, sagte Schwester Frauke.

»Bist du dir sicher?«, hakte ich misstrauisch nach und betrachtete die Bettlägerige.

Auf ihrem Gesicht ist kein Fältchen zu erkennen. Sie ist dick. Cortisongeschwängert. Ihre Wangen sind aufgequollen. Die Haut spannt überall. Für Lachfalten ist kein Platz.

Ich hatte das erste Stück Brötchen in ihren Mund gestopft. Sie kaute. Schluckte.

»Hhhmm …«

Ich unterbrach den lauter werdenden Ton, indem ich ihr das nächste Stück anreichte. Vorsichtig setzte ich den Schnabelbecher an ihre Unterlippe und kippte ihn leicht … Mit einer Serviette fing ich den Kaffee auf, der danebenlief. Sie kaute. Schluckte. Wimmerte. Kaute, schluckte, wimmerte.

»Kann ich den nicht alleine trinken?«, fragte sie leise.

»Was meinen Sie?«

»Den Kaffee geben Sie mir immer.«

»Ja.«

»Aber ich will den alleine trinken.«

Ihre Arme liegen schlaff auf der Decke. Sie hebt nicht einmal die Fingerspitzen.

»Das können Sie doch nicht«, sagte ich.

Ihr Gesicht verzog sich. Sie kaute, schluckte. »Seit wann sind Sie hier im Krankenhaus?«, fragte sie.

»Seit zehn Monaten.«

»Und wie lange bleiben Sie noch?«

»Noch einen Monat.«

»Und dann?«

»Dann will ich studieren.«

Sie nickte schwach. »Wie alt sind Sie?«

»Einundzwanzig.«

»Einundzwanzig … da hat man alles noch vor sich.« Sie verzog das Gesicht. Sie kaute, schluckte. Eine Dreiviertelstunde später hatte sie ein ganzes Brötchen gegessen.

»Sind Sie satt?«, fragte ich.

»Ja.«

»Gut. Das freut mich!« Ich nahm das Tablett und ging zur Tür.

»Wann gibt es denn endlich etwas zu essen?«

13. Juli

Im Januar waren wir noch vier Freiwillige. Seit zwei Wochen sind wir zu zweit. Das macht sich bemerkbar. Es war monatelang normal gewesen, meistens zu zweit zu arbeiten. Als ich den neuen Dienstplan studierte, fiel mir auf: Wer Spätdienst hat, muss nun alleine antreten.

Mann, war heute wieder ein Tag! Tausend kleine Wünsche wurden geäußert. Ich rannte und rannte und schließlich half ich gegen Ende des Dienstes stöhnend Frau Jucka auf den Toilettenstuhl. Während sie ein paar Tropfen herauspresste, stand ich händeknetend neben ihr. Das spürte sie natürlich. Sie spürte, dass die junge Frau, die ihr jetzt mit einem Waschlappen zwischen die Beine ging, auf diese Aufgabe keinen Bock hatte. Dass sie einfach weit weg sein wollte.

Das macht die Wut schwer. In diesem Job darf man nicht einfach wütend sein. Man ist schließlich für das Seelenheil Sterbender zuständig. Und das ist es auch, was das eigene Seelenheil in gewisser Weise zweitrangig macht. Wir werden verglichen mit denen, die wir versorgen. Und dann kommen anderen unbewusst diese Gedanken: »Was stellt sich die FSJlerin an? Mal ein bisschen Stress! Das ist doch kein Problem. Vor ihr liegt ein Sterbender. DER hat ein Problem.« Und das Gefährlichste: »Was stelle *ich* mich an? Mal ein bisschen Stress! Das ist doch kein Problem. Vor mir liegt ein Sterbender. DER hat ein Problem.«

Es ist natürlich völliger Schwachsinn, die Probleme eines gesunden, jungen Menschen mit denen eines alten, kranken zu vergleichen. Aber es passiert. Und es setzt uns eine unsichtbare Glocke auf.

Durch das Hospiz geht eine große Angst. Man hat Erfahrungen; allein die Gründung des Hospizes war mit großen Protesten von Anwohnern verbunden. Viele Einrichtungen müssen sich nach wie vor immer wieder erklären. Und deshalb darf ich nicht Nein sagen. Es ist ein ungeschriebenes Gesetz. Außerdem: Leidenden Wünsche abschlagen, weil man in Ruhe eine halbe Stunde Pause machen will? Das ist aber egoistisch!

Was haben die Schwestern gemeinsam, die ich mag? Sie alle arbeiten in Teilzeit. Und das ist ein Grund! Das ist ein Grund dafür, dass diese Schwestern verblüffend heiter ihrer Arbeit nachgehen können. Während ein Großteil der Vollzeit-Schwestern mit müder Visage durch die Gänge hetzt.

Es ist ja auch nicht so, dass meine Seele durch die Kranken überbelastet wäre. Ich glaube, es ist etwas anderes, was mir schon nach zehn Monaten den Garaus macht: der Trott. Mensch auf Stuhl, abwischen, Penatencreme drauf, Windel anziehen, Mensch ins Bett. Ab in die Waschküche, Handtücher falten. Ab in die Küche, Geschirrspülmaschine einräumen.

Kaum sind wir heimisch einem Lebenskreise
Und traulich eingewohnt, so droht Erschlaffen.

Hesse bringt es auf den Punkt.

Wir sind ein gut besetztes Hospiz? Wie furchtbar!

Denn ich möchte am liebsten schreien: Gebt uns Schwestern!

Wie soll man den Hospizgedanken verwirklichen, wenn man nur Zeit hat, hastig zu pflegen und Kleinlichkeiten nachzukommen? Hier sind Arbeitsplätze! Zehntausende von Arbeitsplätzen! Sie zu belegen, das gönne ich den Kranken. Und das gönne ich den Schwestern. Ich habe Rückenschmerzen.

nebenbei

Das Fundament

»Pass bloß auf, dass das niemand sieht!«, warnt mich Muriel mit erhobenem Zeigefinger.
»Hä? Was mach ich denn?«
»Ts, ts, ts! Einfach so in die Akte gucken …?«
Auf meinem Schoß liegt die Akte eines Gastes. Darin werden alle Daten zu Krankheit und Lebensgeschichte gesammelt.
»Wo liegt das Problem?«, hake ich nach.
»Das dürfen wir nicht! Ich bin deswegen schon mal richtig zusammengefaltet worden!«
»Ich lese dauernd Akten«, erwidere ich. »Auch in Anwesenheit von Schwestern. Mir verbietet das keiner.«
»Ja, ja.« Sie grinst.
»Stimmt, ihr Ehrenamtlichen sollt nicht reingucken. FSJler dürfen das!«
Sie schüttelt leicht verstimmt den Kopf.

Eine Ehrenamtliche (größtenteils Frauen) kommt in der Regel einmal in der Woche.
Viele erscheinen aber nur alle zwei, drei Wochen. Abzüglich des Urlaubes kommt eine Ehrenamtliche also 30–40 Mal im Jahr. Dann ist sie vier bis sechs Stunden im Hospiz. FSJler arbeiten Vollzeit. Fünf Tage die Woche, acht Stunden pro Tag. Das heißt: Ich bin in zwei Monaten so viel beschäftigt wie eine Ehrenamtliche in einem Jahr.

FSJler werden intensiver in die Pflege eingespannt. Wir sollen offiziell auch »alle pflegerischen Tätigkeiten nur in Absprache mit einer Schwester« machen. Das steht jedoch lediglich auf dem Papier. Es ist unverzichtbar, dass wir bei Gästen, gerade während der Übergabe, die Pflege mitunter komplett alleine machen. Es wäre unverantwortlich, so viel mit den Menschen zu arbeiten, ohne in Übergabe und durch Akten Näheres über sie zu erfahren. Ehrenamtliche dagegen sind so selten da, dass sie einen Gast vor dessen Ableben höchstens ein paar Mal sehen. Also werden die sensiblen Daten nicht an sie weitergereicht.

»Manche Ehrenamtliche setzen sich nur zu den fitten Gästen und machen sich 'nen netten Tag, anstatt zu helfen!«, sagen die FSJler untereinander.

»Na und?«, könnte man erwidern. »Auch relativ unabhängige Gäste brauchen Gesellschaft. Und die Ehrenamtlichen helfen, ohne dafür auch nur ein Taschengeld zu bekommen. Ehrenamtliche sind einfach da, um da zu sein.«

Das klingt logisch. Klar, allen tut es gut, wenn sich jemand mit ihnen unterhält.

FSJler laufen. Ich würde mich auch gerne neben die Gäste setzen und mich bei einem Gläschen Wein unterhalten.

Im Wohnzimmer sitzen mehrere geistesabwesende Stammelnde, denen Essen angereicht werden muss. Die Ehrenamtliche geht auf das Zimmer eines Gastes und redet. Während wir von einem Pflegefall zum nächsten rennen.

Sind diese Ehrenamtlichen faul? Nein. Aber ich befürchte, dass sie keinen Begriff von der Arbeit der FSJler haben. Oft behandeln sie uns mütterlich von oben herab. Für die breite Öffentlichkeit sind wir halt junge Leute, die den Schwestern ein bisschen unter die Arme greifen. So wird es dargestellt. Falsch. Auf uns ruht das Hospiz. Das klingt arrogant. Aber von uns FSJlern hängt der Betrieb genauso ab wie von den Schwestern, an denen es ohnehin akut mangelt. Der einzige Unterschied im Tagesablauf besteht darin, dass wir nichts Medizinisches machen.

Und dass mittlerweile zwei von uns fehlen, schlägt sich so gravierend in der Belastung des ganzen Teams nieder, dass ich mir sicher bin: Deutschlands Pflegesystem basiert auf einem Heer junger Menschen. Auf solchen, die zeitlich begrenzt für ein paar Euro anpacken. Über das Freiwillige Soziale Jahr wissen die wenigsten etwas. Dabei ist es nicht nur für dieses Hospiz ein unverzichtbarer Pfeiler.

15. Juli

Frau Förster lächelte bemüht, als die Schwester und ich ihr Zimmer betraten.

»Ich muss zuerst den Verband erneuern«, rief Christine der Frau zu, die angestrengt zuhörte.

Wir zogen ihr das Nachthemd aus. Von den Achselhöhlen über den ganzen Rücken waren kleine weiße Verbände geklebt. Christine zog sich Handschuhe an.

»Machen Sie mich wieder gesund«, sagte Frau Förster traurig.

Langsam zog Christine die Pflaster von der schlaffen, nachgebenden Haut. Entsetzt drehte sie sich weg. In ihren Augen stand das blanke Entsetzen.

»Oh Gott!«

Auch mir stockte der Atem. Ich biss mir auf die Lippen.

Frau Försters Rücken ist eine Mondlandschaft. Es sieht aus wie bei Herrn Stern. Nur noch schrecklicher. Ein Krater liegt neben dem nächsten. Tiefe Krater, aus denen gelber Eiter und rotes Blut quillt. Bis unter die Arme. Bis an den Hals.

Christine hielt sich am Pflegewagen fest und starrte auf ihre Füße.

»So etwas habe ich in meinen sieben Jahren noch nicht gesehen«, sagte sie leise.

Frau Förster sah uns schuldbewusst an. »Entschuldigung«, flüsterte sie.

20. Juli

»Ich muss meinen Sohn anrufen«, stellte Herr Professor Schürzenmacher sachlich fest und versuchte sich aufzurichten. Ich nahm seine angeschwollenen Beine und mit einigem Ächzen gelang es ihm; er saß auf der Bettkante.

»Der Herr ist nicht mehr ganz orientiert«, hatte mich eine Schwester gewarnt.

Also begann ich vorsichtig: »Sie sitzen auf der falschen Seite. Das Telefon ist hinter Ihnen.«

»Ja, ja. Ich weiß.« Er tastete seinen Nachttisch ab.

»Da ist kein Telefon. Es steht links vom Bett.«

»Schon klar. Aber ich muss jetzt meinen Sohn anrufen. Geschäftlich.«

Meine Stimme wurde zärtlicher: »Drehen Sie sich doch mal um. Und dann werden Sie sehen …«

Er öffnete eine Schublade und zog sein Mobiltelefon heraus.

Irritiert lächelnd zog ich mich etwas zurück.

»Bleiben Sie mal lieber«, sagte er und presste sein Seniorenhandy ans Ohr. Ich wartete.

Er runzelte die Stirn und tippte wieder auf dem großen Tastenfeld. Presste es wieder ans Ohr. »Das tut es nicht. Was ist denn hier los?«

»Hier im Haus ist ein Funkloch!«, fiel mir ein.

»Funkloch? Auch das noch! Das geht nicht. Das kann doch nicht gehen.«

»Wieso benutzen Sie nicht einfach das Telefon?«, schlug ich vor.

»Ich muss meinen Sohn auf dem Handy anrufen. Geschäftlich«, wiederholte er beiläufig.

»Na und? Das können Sie von einem Telefon aus genauso gut.«

Er zog die Augenbrauen hoch und lächelte milde. »Dann geben Sie mal das Telefon«, seufzte er. Würde er dem jungen Ding eben beweisen, dass sie keine Ahnung von Technik hatte. Konzentriert wählte er die lange Nummer.

»The person you are calling is not available.«

Aus seinen Augen strahlte Triumph: »Das geht auch nicht.«

»Ich glaube, Ihr Sohn telefoniert gerade«, wandte ich behutsam ein.

»So geht das nicht.« Er schüttelte den Kopf. »So geht das nicht. Das kann man so nicht machen. Ich muss meinen Sohn anrufen. Oft.«

»Und hier haben Sie ein Telefon …«

»Aber geschäftlich! Nicht privat! Ich kann doch nicht

von einem Telefon aus privat und geschäftlich telefonieren!«

»Wieso nicht?«

»Hören Sie: Ich rufe meinen Sohn auf dem Handy an! Sie haben doch gerade selbst gesagt, dass das nicht funktioniert!«

»Ich sagte, dass hier ein Funkloch ist«, erwiderte ich. »Das bedeutet, dass Sie mit Ihrem Handy nicht telefonieren können. Aber mit diesem Telefon schon. Mit dem Telefon können Sie überallhin telefonieren: aufs Festnetz und aufs Handy.«

»Aber eben tat es das nicht!«

»Weil Ihr Sohn telefoniert hat.«

»Ach?« Angriffslustig grinsend nahm er den Hörer und gab noch einmal konzentriert die lange Handynummer ein. Ein Mann meldete sich am anderen Ende. Ich verließ das Zimmer.

Zehn Minuten später kehrte ich zurück. »Ich habe hier die Nummer von Ihrem Telefon aufgeschrieben. Die können Sie Ihrem Sohn mitteilen und der kann Sie dann jederzeit anrufen.«

Er schüttelte den Kopf. »So geht das nicht. Es funktioniert ja nicht.«

»Sie haben doch gerade mit ihm telefoniert.«

»Ja, aber privat. Nicht geschäftlich. Ich muss geschäftlich mit ihm telefonieren. Wissen Sie, mein Sohn reist sehr viel.«

Sein Brustkorb schwoll an. »Mein Sohn reist sehr viel geschäftlich. Da ist er privat kaum zu erreichen.«

»Sie haben gerade auf ein Handy telefoniert.«

»So?« Er war leicht irritiert. »Wirklich?« Er nahm den Zettel mit der Nummer. »Aber darauf kann man mich doch nicht anrufen. Hier ist ein Funkloch.«

Plötzlich verzog er sein Gesicht. Seine Wangen wurden rot. Seine Augen wässrig. Ich erschrak.

Und dann erschrak ich wieder. Denn: Warum erschrak ich?

Ich saß neben einem großen Mann, der weinte. Ja und? Hier weinen viele Menschen. Das heißt: Hier weinen viele Frauen.

Was sollte ich tun? Bei Frauen ist das meistens einfach: In den Arm nehmen. Berühren.

Herr Professor Schürzenmacher ist ein Mann. Sein Weinen dauerte nicht lange. Er setzte sich aufrecht hin, wischte die Tränen weg und schluckte seine Verzweiflung hinunter. Vor einer jungen Frau weinen? Sich von ihr trösten lassen? So weit kommt's noch!

In diesem Punkt haben Frauen es eindeutig leichter. Sie dürfen weinen. Man geht davon aus. Aber Männer müssen Männer sein. Auch im Tod. Offiziere, Manager und Akademiker fangen doch nicht auf dem Sterbebett an zu flennen!

21. Juli

Morgens wurde mir im Schwesternzimmer eine zögerliche Frage gestellt: »Wäre es in Ordnung für dich, mit mir Herrn Mürbe umzuziehen?«

»Logo!«

»Oder wäre das zu viel für dich?«

»Nein!«

»Also, du musst nicht.«

Es wurde mir tatsächlich gestattet, Herrn Mürbe umzuziehen. Ich hatte erst ein Mal die Ehre gehabt, einen Menschen nach seinem Tod zu waschen – und bei Frau Linke hatte die Totenstarre noch nicht eingesetzt. Das war diesmal anders.

»Er soll den gestreiften Anzug tragen«, sagte Christine und kramte im Kleiderschrank. »Hol schon mal Wasser.«

Herr Mürbe lag mit angewinkelten Armen da, die Hände auf dem Bauch. Christine überlegte.

»Wie kriegen wir ihn jetzt aus dem Pyjama? Ein Glück, dass der wenigstens Knöpfe hat!« Behutsam öffnete sie das Oberteil. »So, wir müssen ihn aufsetzen.«

Wir griffen unter die Achseln des starren Leichnams und hoben seinen Oberkörper an. Mit einer Hand zog Christine das Oberteil hoch, sodass der Rücken frei war. Wir legten ihn wieder ab. Christine versuchte, einen Ärmel über den gebeugten Ellenbogen zu ziehen. Eine Naht riss.

»Gut, es geht nicht anders.«

Sie riss den Ärmel ab und wir konnten das Oberteil ausziehen. Nachdem wir ihn gewaschen hatten, reichte sie mir das Sakko. Vorsichtig hob ich seinen Arm an. Wieso eigentlich vorsichtig? Ich wusste, dass eher der Stoff nachgeben würde, als seine Gelenke, und dennoch kostete es mich Überwindung, wenn ich ihn hart anfassen und manchmal sogar ein wenig an ihm zerren musste.

Es fühlte sich an, als würde ich eine Porzellanfigur berühren. Der Arm ist stocksteif, aber wenn man ein wenig zu heftig dagegenstößt, kann er abbrechen.

Einem Menschen, der gestern noch gesprochen hatte, versuchte ich, behutsam wie bei einer spröden Statue, etwas anzuziehen. Es war unmöglich. Die Schulternähte rissen.

»Das geht eben nicht anders.« Christine zuckte mit den Achseln. »Jeder Anzug würde reißen. Wir lassen ihn so.«

Bevor wir gingen, verabschiedete ich mich leise. Er

hatte wunderbare Hände. Sie waren geschlossen. Doch ich konnte meine Finger zwischen seine schieben. Dann fühlte es sich an, als würde er zupacken.

25. Juli

»Wir haben sie heute Morgen noch gepflegt. Da war sie ganz normal.«

Frau Förster ist vor elf Tagen angekommen. Gestern half ich ihr, die Fernbedienung zu benutzen; eine wache Frau, die noch einige Zeit bei uns sein würde.

Heute stand ich an ihrem Totenbett. Sie war bereits grün angelaufen. Und ich erschrak, als ich ihre Hand berührte. Sie fühlte sich warm und quicklebendig an.

Muriel saß neben ihr. Wenn die Tochter kam, sollte Frau Förster nicht alleine daliegen. Ich wusste, dass es die einzige Möglichkeit war, mich von der Frau zu verabschieden.

Muriel schilderte eingehend die morgendliche Pflege. Klärte mich über den Tod auf. »Nun geht ihre Reise los. Wir wissen nur nicht, wohin. Und wie unsere Reise wohl verlaufen wird …« Verträumt den Kopf schüttelnd, blickte sie auf die Tote.

Ich ging.

Herr Förster kam nachts. Er ging zu seiner wunderschönen Frau, die nun blass und schlaff in ihrem Jogginganzug dalag.

Sein Freund, der ihn begleitet hatte, setzte sich zu Gülay und mir und erzählte von den beiden. Ihrer Ehe. Was sie alles in ihrem Leben gemacht hatte. Es war schön, ihm zuzuhören. Ich wäre am liebsten mit ihm alleine gewesen.

Aber da saß ja noch Gülay. Sie redete viel. Über das »Loslassen« der Verstorbenen. Das Ende ihrer Leiden. Dass es wahrscheinlich gut sei, wie es gekommen ist. Dass alles seinen tieferen Grund habe. Dass alte Menschen ihr Leben Revue passieren ließen. Dass der Tod eine Erlösung sei.

Je öfter ich Gleichaltrigen im Gespräch mit Angehörigen zuhöre, desto genauer achte ich darauf, mir im richtigen Moment auf die Finger zu hauen.

Mag ja sein, dass diese Weisheiten alle wahr sind. Aber aus dem Mund einer jungen Frau zu hören, wie alte Menschen ihr Leben betrachten, ist lächerlich. Vor allem, wenn sie es zu einem alten Menschen sagt.

Und dass der Tod eine Erlösung ist – schön und gut. Doch wenn jemand frisch verstorben ist … Ich glaube, wenn meine Mutter stirbt, will ich von keiner 20-Jährigen Ratschläge in Sachen Dankbarkeit hören.

28. Juli

»Nee, das sieht blöd aus! Geben Sie noch mal her!«

Frau Gehrung griff nach dem Schlüsselanhänger, den sie mir soeben in die Hand gedrückt hatte. Mein Haustürschlüssel war bereits hineingefriemelt. Sie begutachtete eingehend den bunten Schmetterling, der an einer Kette baumelte. »Das ist zu lang. Die Kette muss kürzer sein.«

Sie begann, an den Kettengliedern zu drehen und zu ziehen.

»Gucken Sie mal im Schrank oben. Da müsste so eine Zange sein.«

Ich drückte ihr das Werkzeug in die Hand.

»So etwas wird heute gar nicht mehr hergestellt«, bemerkte sie und bearbeitete den Schlüsselanhänger. Ich blickte auf die Uhr. »Müssen Sie gehen? Kein Problem, ich mache hier weiter!«

Eine kranke Frau, die nicht einmal aufstehen kann: die mit Werkzeug im Bett liegen lassen?

Ja. Ich ließ sie alleine.

Ich musste an Frau Stöckl denken. Sie war zweifellos einer der wichtigsten Menschen, die ich in meinem FSJ kennenlernen durfte. Jedes Mal, wenn ich Gäste etwas tun sehe, schiebt sich die große Dame vor mein geistiges Auge: »Ich bin nutzlos. Ich kann nichts für euch tun. Ihr habt alle eure Arbeit. Aber ich, ich bin nutzlos.«

Wie dankbar war sie, wenn man sie darum bat, einen Müllbeutel auseinanderzufalten.

Frau Gehrung kann noch die Zange halten. Sie hat sogar genug Kraft, mithilfe dieser Zange Kettenglieder auseinanderzubiegen. Sie könnte sich verletzen. Na und?

Nun habe ich einen in stundenlanger Arbeit zusammengestellten Schlüsselanhänger. Neben mir liegt ein Stück Lebenssinn.

30. Juli

Frau Jucka nahm ihre Zähne aus dem Mund. Ich putzte sie. Sie setzte die Zähne wieder ein.

Sie saß nackt auf dem Toilettenstuhl. Ich begann, sie zu waschen. Das Gesicht, die Brust.

Über dem Waschbecken hängt ein Spiegel leicht

nach vorn geneigt, sodass man sich auch im Sitzen sehen kann.

Frau Jucka blickte nach oben und betrachtete sich. Ich cremte ihren Rücken ein. Ihre Stimme war leise und brüchig: »Ich bin nichts mehr wert.«

nebenbei

»Ihr Körper will ja noch«

Was haben wir im Religionsunterricht über die aktive Sterbehilfe diskutiert. Na ja, Diskussion kann man es nicht nennen. Schließlich waren alle einer Meinung: auf keinen Fall! Auch in Prospekten von mehreren Hospizen steht ausdrücklich: *keine aktive Sterbehilfe.*

Da sind sich alle einig. Schließlich muss man sich an das Grundgesetz halten: Die Würde des Menschen ist unantastbar. Nun habe ich ein Jahr lang Menschen beim Sterben begleitet. *Wir erfüllen letzte Wünsche,* dadurch zeichnet sich der Hospizgedanke aus. Man will den Menschen ernst nehmen. Solange er leben will.

»Ich will ein Vanilleeis mit Sahne«, bittet der Gast. Kein Problem! Kommt sofort!

»Ich will sterben«, bittet der Gast.

»Der weiß nicht, was er sagt«, wird im Schwesternzimmer kommentiert.

»Ich will sterben«, sagt der Gast noch einmal. Man holt den Seelsorger. Damit er den Gast davon überzeugt, dass es besser sei zu leben.

»Ich will sterben«, sagt der Gast ein drittes Mal.

Die Schwestern zucken mit den Achseln: »Da können wir jetzt nichts tun.«
Doch. Wir könnten.

Frau Stöckl saß in einem Sessel, wippte vor und zurück und antwortete auf die Frage, wie es ihr gehe: »Ich wünschte, ich wäre tot.«
»Ihr Körper will ja noch«, sagte der Azubi Nils. Und sprach damit einen viel gedachten Satz aus. Ihr Körper will ja noch; solange ein Mensch lebt, hat sein Dasein einen Sinn zu haben.
»Sie muss noch etwas lernen. Sie ist noch nicht so weit. Sie ist noch nicht reif.«
Das Leben wird von den meisten nicht als etwas Zufälliges betrachtet, es hat einen tieferen Sinn. Wir wurden von Gott geschaffen. Und solange er uns leben lässt, muss es einen Grund geben. Wir sollen wachsen. Frau Stöckl muss scheinbar erst eine ganz bestimmte Erkenntnis gewinnen, bevor ihr Körper sagt: Ich will gehen.

Ich stehe vor dem Bett eines jungen Mannes. Der Pfleger wechselt gerade die Sondennahrung. Sein Urin fließt in den Beutel, der am Bettgitter hängt.
Wer will hier eigentlich noch? Ob im Religionsunterricht oder im Schwesternzimmer; immer wird auf eine höhere Macht verwiesen. Auf einen göttlichen Willen. Diese Argumentation hatte vor zweihundert Jahren noch Hand und Fuß. Kein Gast unseres Hospizes hätte mit seiner Erkrankung vor zweihundert Jahren noch gelebt.
Lebensverlängernde Maßnahmen werden zwar in der

Palliativmedizin nicht primär angewendet. Es geht in erster Linie darum, Schmerzen zu stillen und das Leid zu reduzieren. Aber was ist Sondennahrung? Was ist ein künstlicher Darmausgang? Ohne solche Hilfsmittel wären unsere Gäste längst tot. Sein Körper will ja noch? Das klingt weit hergeholt, wenn man am Bett dieses jungen Mannes steht.

Gerade Religionen stemmen sich gegen die aktive Sterbehilfe. Es handelt sich um ein Gebiet, das Gott allein gehört: die Entscheidung über Leben und Tod. Das hieße aber, dass die Wissenschaftler des zwanzigsten Jahrhunderts von Gott Eingebungen bekommen haben müssten – denn greifen sie mit lebensverlängernden Maßnahmen nicht genauso stark in das heilige Gleichgewicht ein?
»Wozu eine Therapie?«, sagte Frau Gabriel. »Sie haben mir was angeboten und gesagt: ›Da könnten Sie noch ein halbes Jahr länger leben.‹ Hunde und Katzen werden eingeschläfert, Pferde kriegen den Gnadenschuss. Und Menschen sollen jahrelang siechen. Jede Sekunde herauszögern. Ich hoffe, es geht schnell.«
Allein der Gedanke daran macht vielen Menschen Angst. Denn der Tod ist absolut.
Außerdem kommt den meisten Deutschen bei dem Thema ein grausames Bild vor die Augen: die Maßnahmen der Nationalsozialisten. So wird auch das Fachwort für Sterbehilfe, »Euthanasie« (griech. leichter Tod), häufig nur noch in Zusammenhang mit der Beseitigung »unwerten Lebens« im Dritten Reich verstanden. Und in der Debatte um die Legalisierung von

Sterbehilfe werden Ängste geäußert: Wenn wir unsere Gesetze ändern, dann werden bald Behinderte und Kranke »abgeschafft«. Dann setzen wir alte Leute unter Druck. Der Tod könnte zu einer Alternative zu teuren lebensverlängernden Maßnahmen aufsteigen. Und das darf man nicht gutheißen.

Hospize werden als die sinnvollere Variante genannt. »Wir dürfen den Leuten keine Spritze geben, wir müssen sie in ein Hospiz bringen!« Das ist eine gute Idee. In Hospizen findet man wahrscheinlich die zurzeit bestmögliche Versorgung Todkranker. Aber auch hier gilt es zu akzeptieren: Uns sind Grenzen gesetzt. Da mag die Palliativmedizin noch so gut eingesetzt werden. Es gibt dennoch Menschen, die schreien, stammeln, röcheln. Und vor allem Menschen, die alleine sind. Zutiefst alleine! Das liegt nicht an fehlenden Seelsorgern. Das liegt an fehlenden Freunden, Verwandten. An einem fehlenden aktiven Leben.

Die Hospizbewegung muss natürlich gefördert werden. Denn jeder Mensch, der sich vielleicht den Tod wünscht, soll auch eine Alternative haben. Aber manchmal hilft selbst diese Alternative nicht.

»Wer leidet, ist nur noch nicht sauber eingestellt«, sagen viele Fachkräfte. Es wird nicht nur der Tod tabuisiert. Es wird auch tabuisiert, dass wir nicht alles behandeln können. Dass es Zustände gibt, psychisch wie physisch, für die keine Medizin vorhanden ist. Wer in einem erstklassigen Hospiz liegt, medizinisch vorbildlich versorgt, und dennoch einfach nicht mehr kann, nicht mehr will – der soll nicht beseitigt werden, wie »unwertes Leben« von den Nazis. Aber er soll sein Leben beenden dürfen. Es geht nicht um Massenabfertigung. Es geht darum, die aktive Sterbehilfe als letzten, aber wirklich allerletzten Weg zuzulassen. Ich rede hier nicht von Menschen, die einmal sagen »Ich wünschte, ich wäre tot« und eine Stunde später wieder lachen. Ich rede von Menschen, die bestens versorgt monatelang um den Tod betteln. Es gibt sie.

1. August

Die Schwestern versammelten sich auf der Terrasse, um Pause zu machen. Auch ich wollte die Sonne genießen. Aber alleine. Ich ging vor das Hospiz und streckte mich in der Mittagssonne. Wieder diese Rückenschmerzen. Ich setzte mich mit meinem Kaffee auf die Bank. Ein paar Meter entfernt ruhte sich eine blonde Frau bei einer Zigarette aus. Ich nickte ihr höflich zu. Auf ein Gespräch hatte ich keine Lust. Es war so schön, still dazusitzen. Es war warm. Langsam schlürfte ich meinen Kaffee. Die Vögel sangen.

»Arbeiten Sie hier?«, fragte die fremde Frau.

»Ja.«

Stille. Ich schlürfte. Ein paar Radfahrer kamen vorbei. Junge Mädchen gingen kichernd Richtung Straßenbahn. Wie schon in den vergangenen Tagen sehnte ich mich nach einer Hängematte.

»Wenn man kein Auto hat«, fragte die Dame, »kommt man dann überhaupt von hier weg?«

Ich hatte keine Lust, laut zu werden. Statt ein paar Meter weit zu rufen, stand ich auf und ging zu ihr. »Kein Problem«, antwortete ich. »Wir sind hier zwar am Stadtrand, aber dahinten um die Ecke ist schon die Straßenbahn.«

»Aber da muss man laufen. Und wenn man das nicht schafft …«

»Dann muss wohl ein Taxi her.«

»Das kann sich ja auch nicht jeder leisten. Ich überlege, ob ich hierhin soll …« Sie fing meinen Blick auf und lächelte. »Ja, es geht um mich. Ich hatte in den letzten zehn Monaten drei Krebsoperationen. Die Metastasen sind überall. Vielleicht habe ich nicht mehr lange. Aber ich will nicht in irgendeinem Pflegeheim sterben. Warum gucken Sie so komisch?«

»Ich bin etwas verwirrt«, gestand ich. »Ich hätte nie gedacht, dass Sie krank sind.«

»Meine Töchter dürfen gar nicht wissen, dass ich hier bin. Das würde sie nur belasten. Immerhin bin ich sogar alleine hergefahren. Und das, obwohl ich erst vor ein paar Tagen aus dem Krankenhaus entlassen worden bin. Ich bin so lange nicht mehr Auto gefahren. Ich musste mich heute erst wieder dran gewöhnen. Mal gucken, wie das mit dem Ausparken klappt. Wissen Sie, ich habe vier wunderbare Töchter …«

»Wie alt sind die?«

»Alle zwischen dreißig und vierzig.«

Nur die kleinen Fältchen um ihren Mund verrieten, dass sie mindestens sechzig Jahre alt sein musste.

»Mein Gesicht ist durch die Medikamente aufgequollen. Vor einem Jahr noch war ich übersät mit Falten!«, sagte sie, als hätte sie meine Gedanken erraten. »Ich habe 65 Kilo gewogen. Jetzt bin ich auf 45. Das ist Kleidergröße 34«, sie zupfte an ihrer Hose, »und schlabbert trotzdem.«

Sie zündete sich noch eine Zigarette an. Ich setzte mich neben sie.

»Gibt es hier im Haus Internet?«, fragte sie. »Und kann ich meinen eigenen Fernseher mitbringen?«

Sie begeisterte mich mehr und mehr. Eine Frau, die weiß, dass es vielleicht nicht mehr lange dauert. Und die nicht zufällig irgendwo, sondern bewusst sterben will.

»Wer weiß, vielleicht muss ich ja nicht hierhin. Aber falls es so weit kommt, will ich mir aussuchen, wo ich sterbe. Und ich habe so wunderbare Töchter, die will ich nicht damit belasten. Wenn sie wüssten, dass ich heute hier bin, würden sie sagen: ›Du hast sie ja nicht mehr alle, Mama!‹ Aber ich weiß, was ich tue.«

Schwester Frauke kam heraus: »Da bist du ja, Flo! Warst du die ganze Zeit hier? Wir haben uns schon gefragt, wo du steckst.«

Ich stand auf. Auch die Dame erhob sich. Ein paar Minuten später saß sie in ihrem Auto und parkte exzellent aus.

Ich hätte ihr am liebsten sofort ein freies Zimmer angeboten. Aber das Blöde an einem Hospiz ist, dass man gerade Menschen, die einem sympathisch sind, nicht dort wissen will.

5. August

Noch neun Arbeitstage. Ich hätte es nie gedacht. Ich hätte nie gedacht, dass ich derart die Tage herunterzählen würde. Ja, ich zähle sogar die Stunden. Ich bereue nichts an diesem Jahr. Ich bin froh und stolz, es gemacht zu haben. Ich bin glücklich über die Dinge, die ich erlebt habe. Ich glaube, dass dieses Jahr ein Schatz für mich ist. Und trotzdem will ich weg. Ich sitze auf glühenden Kohlen.

Ich schreibe kaum noch. Denn ich sehe kaum noch etwas.

Ein verwirrter Mann steht auf dem Flur.

»Wo wollen Sie denn hin?«, frage ich ihn.

Er geht zur gegenüberliegenden Tür. »Keine Sorge, ich bringe die Tür zurück«, sagt er und drückt die Klinke.

»Da wohnt aber ein anderer Gast. Es ist spät, er will jetzt schlafen.«

Der Herr grinst. »Aber ich muss doch die Tür erst wieder einhängen.«

»Die Tür ist zu«, sage ich mit gerunzelter Stirn.

»Ja. Und ich werde sie einhängen.« Er öffnet die Tür. Ein anderer Herr sieht uns verwirrt an.

Ich ziehe die Tür wieder zu. »Gehen Sie doch wieder auf Ihr Zimmer«, bitte ich etwas forsch.

»Wenn ich die Tür ausgegabelt habe.«

Eine Situation, über die ich vor einem halben Jahr noch ausführlich geschrieben hätte. Heute kommt sie mir so … ja, so normal vor. Mein Gott, ein verwirrter alter Mann, was ist daran neu? Es klingt abartig, wenn einem der Tod langweilig wird. Aber so ist es nun mal. All die außergewöhnlichen Dinge sind so alltäglich geworden.

»Sie sind nur noch bis Freitag hier?« Herr Kroll sah mich mit großen Augen an. »Och nein …«

Wann wird er sterben? Ich lasse mehrere Menschen zurück, an denen mir etwas liegt. Sie zu pflegen ödet mich an. Ein Leben lang Krankenschwester? Ich könnte das nicht! Aber die Gäste als Menschen habe ich ins Herz geschlossen. Ich weiß, sie werden sterben. Aber wann? Wie? Wird Herr Kroll noch wochenlang in seine Kissen sabbern? Wird er plötzlich einschlafen? Vielleicht lebt er in zwei Monaten noch. Vielleicht ist er in zwei Wochen tot.

13. August

Ein ruhiger Tag neigte sich dem Ende. Ein fremder Mann betrat suchenden Blickes das Wohnzimmer.

»Sie wollen zu Frau Jucka, oder?«, fragte ich.

»Genau, ich …«

Gülay sprang auf. »Kommen Sie, ich zeige Ihnen das Zimmer.«

Auf dem Gang stand eine große Vase mit wunderschönen weißen Rosen.

»Nehmen Sie sich eine. Die sind noch von ihrer Abschiedsfeier«, sagte Gülay zärtlich.

Freundlich lächelnd griff der Mann nach einer Rose. Ich runzelte die Stirn. Hatte ich bisher immer etwas falsch gemacht, wenn ich Menschen wie ihm keine Blumen anbot?

Wir betraten das Zimmer. Ein paar Kerzen erhellten den Raum. Frau Jucka war übersät mit weißen Rosen.

»Sie sieht schön aus, nicht?«, bemerkte Gülay leise. »Sie können Ihre Rose gerne dazulegen. Wir lassen Sie jetzt ein bisschen alleine, o. k.?«

Der Mann nickte irritiert. Wir betraten den Flur. War ich wirklich so bescheuert? Oder …

»Du weißt aber schon, dass das der Bestatter ist?«, fragte ich vorsichtig.

»Was?« Sie stürzte in das Zimmer zurück und erlöste den Werktätigen, der mit einer Rose in der Hand verloren am Bett stand und sich wohl fragte, was genau man jetzt von ihm verlangte. Wo er doch nur wissen wollte, wohin er den Sarg bringen musste …

14. August

Letzter Eintrag. Hier soll jetzt was ganz Kluges stehen.

Wie viel ich gelernt habe. Was ich gelernt habe. Was ich über mich gelernt habe. Ob ich mich entwickelt habe. Dass ich mich entwickelt habe. Wie ich mich entwickelt habe. Reflexionen halt: Was hat das alles mit mir gemacht?

Nicht, dass am Ende jemand sagt: »Florentine, du hast nichts dazugelernt!« Gelernt? Vielleicht ist das mein letzter Sommer.

Ich gönne mir eine Thai-Massage.

Das Buch ist inspiriert von den Erfahrungen, die die Autorin während eines Freiwilligen Sozialen Jahres in einem Hospiz gemacht hat. Es enthält jedoch keine Angaben zu real existierenden oder verstorbenen Personen und bestehenden Einrichtungen. Eventuelle Ähnlichkeiten sind unbeabsichtigt und somit zufällig.